교양 있는 여행자를 위한
내 손안의
프랑스사

단숨에 읽는 프랑스 역사 100장면

Boarding Pass　　　　　　　　　　　　　　　　현익출판

교양 있는 여행자를 위한
내 손안의 프랑스사

단숨에 읽는 프랑스 역사 100장면

감수 **후쿠이 노리히코**　　옮긴이 **류지현**

FROM.	SEOUL	FLIGHT.	SEAT.
TO.	PARIS	HI1020	33A

CDG

✶✶✶ 들어가며 ✶✶✶

프랑스사를 조망하다

여러분은 프랑스 하면 뭐가 떠오르나요? 파리, 에펠탑 또는 축구나 럭비? 아니면 요리나 와인? 패션이나 디자인? 사실 지금의 프랑스는 유럽 내에서 독일과 함께 큰 영향력을 발휘하고 있을 뿐만 아니라 세계 각지에도 해외 영토를 가지고 있습니다.

그렇다면 지금의 모습이 되기까지 프랑스는 어떤 역사를 거쳐 왔을까요? 그 큰 줄거리를 한 권으로 살펴보려는 것이 바로 이 책의 목적입니다. 역사를 파악하는 데는 크게 2가지 시각, 즉 새처럼 높은 하늘에서 전체를 바라보는 시각과 개미처럼 땅을 기듯 세세한 부분에 집중하는 시각이 있습니다. 이 책은 프랑스 전체에 초점을 맞추고 크게 조망하고자 합니다. 여러분이 이러한 관점에서 출발하여 프랑스와 프랑스의 역사에 재미를 느끼고, 더 깊이 알고 싶다는 마음으로 새로운 여정을 시작하게 된다면 더할 나위 없이 기쁠 것입니다.

후쿠이 노리히코

알수록 놀라운!
프랑스의 4가지 비밀

프랑스사를 처음 접하는 당신에게 의외의 사실을 소개합니다!

베르사유 궁전은 루이 14세의 어린 시절 경험 때문에 지어졌다?

프랑스 왕정을 대표하는 루이 14세는 베르사유 궁전을 지어 거처를 옮겼습니다. 파리 교외의 베르사유에 궁전을 지은 것은 루이 14세의 유년기에 일어난 내란과 관련이 있습니다.

→ 자세한 내용은 **118** 페이지로

프랑스 혁명의 본래 목적은 왕정의 타도가 아니었다?

프랑스 혁명이라고 하면 민중이 왕정을 무너뜨리려 했다고 생각하기 쉽지만 사실 혁명 초기의 민중은 국왕 밑에서 정치를 하려고 생각하고 있었습니다.

→ 자세한 내용은 **139** 페이지로

나폴레옹은 '프랑스 황제'가 아니다?

군인으로서 높은 능력을 갖춘 나폴레옹은 권력을 잡고 마침내 황제로 즉위합니다. 그러나 정확히는 '프랑스 인민의 황제'이지 '프랑스 국가의 황제'는 아닙니다. 무엇이 다를까요?

→ 자세한 내용은 **166** 페이지로

프랑스의 제5공화국은 지금까지의 공화국과 다르다?

지금의 프랑스는 '제5공화국'이라고 하며, 1958년부터 시작되었습니다. 물론 그 이전에는 제1~제4공화국이 있었습니다. 제5공화국은 이전까지의 공화국과 무엇이 다를까요?

→ 자세한 내용은 **221** 페이지로

자, 그럼 프랑스의 역사 속으로 떠나 봅시다!

✈ 목차

들어가며 | 프랑스사를 조망하다   5
알수록 놀라운! 프랑스의 4가지 비밀   6
프롤로그 | 세계에서 가장 매력 넘치는 나라   15

✶ Chapter 1 ✶ 새 질서를 맞이한 갈리아 시대

001 선사시대의 흔적   20
002 켈트인과 갈리아인   22
003 로마의 침공   23
004 로마 지배하의 갈리아   24
005 로마 지배의 끝   27
알면 알수록 재미있는 프랑스의 위인 ① 베르킨게토릭스   30

✶ Chapter 2 ✶ 중세 유럽을 연 프랑크 왕국

006 프랑크 왕국의 대두   32
007 메로베우스 왕조가 시작되다   33
008 로마 교회와의 협력   34
009 신하에게 나라를 빼앗기다   36
010 대제에 의한 영토 확장   40
011 프랑크 왕국의 분열   43
012 서프랑크 왕국의 혼란   45
알면 알수록 재미있는 프랑스의 위인 ② 롤랑   47

✳ Chapter 3 ✳ 프랑스의 시작

013	로베르 가문의 대두	49
014	카페 왕조의 시초	51
015	십자군 원정	53
016	프랑스 왕을 섬기는 잉글랜드 왕	55
017	잉글랜드 내분에 개입	56
018	사자심왕에게 고전하다	58
019	앙주 제국의 쇠락	60
020	프랑스 역사상 굴지의 명군	61
021	신앙심이 깊은 왕	63
022	냉철한 왕의 정치 개혁	66
023	카페 왕조의 몰락	69

알면 알수록 재미있는 프랑스의 위인 ③ 엘레오노르   70

✳ Chapter 4 ✳ 공격받고 공격하고

024	발루아 왕조가 시작되다	72
025	백년전쟁의 발발	73
026	흑사병이 기승을 부리다	75
027	왕태자 샤를의 활약	76
028	집안싸움의 격화	78
029	두 명의 왕	80
030	전쟁의 판국을 뒤바꾼 소녀	82
031	백년전쟁이 끝나고	84
032	이탈리아에 대한 야심	86
033	이탈리아를 둘러싼 싸움	88

034	르네상스가 가져온 것	90
035	교회보다 국왕의 권력이 우선	92
036	가톨릭과 프로테스탄트의 대립	94
037	축일에 일어난 참극	96
038	세 앙리에 의한 싸움	97
039	주권 국가의 확립으로	100

알면 알수록 재미있는 프랑스의 위인 ④ 파레 　101

✱ Chapter 5 ✱ 부르봉가의 영화

040	가톨릭으로 개종	103
041	대외 전쟁으로 일치단결	104
042	국력 회복에 힘쓰다	106
043	선량왕이 죽은 후의 혼란	108
044	어머니와 아들의 갈등	110
045	종교보다 국익을 선택하다	113
046	재정난이 불러온 반란	116
047	연이은 반란 이후의 왕권 강화	118
048	친정을 시작하다	120
049	대륙 최강의 군사력	122
050	중상주의 중심의 재정 정책	124
051	후세에 전해진 궁정 문화	125
052	빚더미에 앉은 프랑스	127
053	부르봉 왕조의 쇠퇴	129
054	'외교 혁명'으로 대항	130

알면 알수록 재미있는 프랑스의 위인 ⑤ 데카르트 　132

✱ Chapter 6 ✱ 혁명을 거쳐 제국으로

055	'Non'이라 하지 않는 국왕	134
056	미국 독립 전쟁에 개입	136
057	오랜만의 삼부회	137
058	바스티유 요새 습격	139
059	민주주의의 원점	141
060	빵을 달라!	143
061	왕은 배신자다	144
062	프랑스 역사상 최초의 헌법	145
063	제1공화정이 시작되다	147
064	루이 16세의 최후	149
065	온건파와 급진파의 대립	151
066	로베스피에르의 공포 정치	153
067	공포 정치의 주모자도 단두대로	155
068	나폴레옹이 역사의 전면으로	156
069	불충분한 장비로도 승리	158
070	혁명은 끝났다	160
071	가톨릭과의 화해	162
072	후세에 영향을 준 법전	163
073	프랑스 인민의 황제	166
074	자충수가 된 대륙봉쇄령	168
075	프랑스 제국의 끝	170
칼럼	프랑스의 국기와 국가	171

알면 알수록 재미있는 프랑스의 위인 ⑥ 루소   173

✳ Chapter 7 ✳ 변화하는 정치 체제

076 나폴레옹의 백일천하	175
077 제2차 복고왕정	176
078 다시 왕위에서 쫓겨난 부르봉가	177
079 신왕정은 '연회'로 무너졌다	179
080 유럽 각국에 튄 정변의 불씨	181
081 예상 밖의 초대 대통령	183
082 국민투표로 부활한 제정	185
083 인프라를 구축하다	186
084 제정, 또다시 붕괴	188
085 끝나지 않은 정치적 혼란	190
086 프랑스인의 결속과 그림자	192
087 해외 진출과 식민지	194
088 기술과 문화를 꽃피우다	196
칼럼 파리 중심가의 역사적 건물	198
알면 알수록 재미있는 프랑스의 위인 ⑦ 쥘 베른	200

✳ Chapter 8 ✳ 대전 끝에

089	세계대전으로 잠깐의 일치단결	202
090	지난한 전쟁	204
091	유럽 강대국끼리의 평화	206
092	국민에게 미친 전쟁의 여파	207
093	세계 불황과 나치스의 등장	209
094	두 달 반 만에 함락된 파리	211
095	굴욕의 독일 점령 시대	213
096	전후 '영광의 30년'	216
097	이민과 식민지를 둘러싼 마찰	219
098	드골과 제5공화정	221
099	좌파와 우파가 공존하는 정권으로	224
100	세계화 속의 프랑스	226

알면 알수록 재미있는 프랑스의 위인 ⑧ 코코 샤넬   228

프랑스사 연표   230

*** 프롤로그 ***

세계에서 가장 매력 넘치는 나라

프랑스를 생각하면 여러분은 어떤 이미지가 떠오르나요? 파리 시내에 있는 거대한 에펠탑과 에투알 개선문, 30만 점 이상의 회화와 조각 그리고 보석을 소장한 루브르 박물관, 왕가가 생활했던 파리 교외의 베르사유 궁전, 서북부에 있는 몽생미셸 등의 관광 명소를 떠올리는 사람이 많을 것입니다. 유엔(UN)에 속해 있는 유엔 관광청(UN Tourism, 前 세계 관광 기구 UNWTO)의 세계 관광 순위에서 수년간 해외 관광객 수 1위를 차지한 것에서도 알 수 있듯 프랑스는 세계 각국에서 볼 때도 매력이 넘치는 나라입니다.

관광 명소 외에도 세계 미식가들에게 인기가 높은 프랑스 요리, 세잔과 르누아르 같은 화가들의 그림, 영화감독 뤽 베송과 고다르 외 다수의 예술가가 선보이는 예술 작품, 샤넬과 루이비통 같은 고급 패션 브랜드 등 우리는 의외로 가까운 곳에서 프랑스와의 접점을 찾을 수 있습니다.

프랑스인은 화려하고 풍부한 문화를 만들어 낸 자국 역사에 강한 자부심과 애착을 느낍니다. 전란과 혁명 등을 거치며 이뤄 온 역사이기 때문이죠. 현재 프랑스의 정식 명칭은 '프랑스 공화국'입니다. 유럽 서부에 위치하며, 영국과는 서북쪽의 도버 해협을 사이에 두고 있고 독일과 이탈리아, 스페인 등과는 국경을 접하고 있습니다. 프랑스 본토의 면적은 한국의 약 5.5배, 인구는 한국의 약 1.3배입니다.

프랑스는 본토와는 별도로 중남미나 남태평양 등에도 프랑스령(해외 영토)이 있어 프랑스어를 사용하는 사람들이 세계 각지에 퍼져 있죠. 프랑스는 많은 나라와 육지로 이어져 있는 데다 지중해를 사이에 두고 아프리카 대륙과도 접하기에 예로부터 다양한 민족이 유입됐습니다. 현대에는 아랍계나 아프리카계 이민자일지라도 '프

프랑스 본토

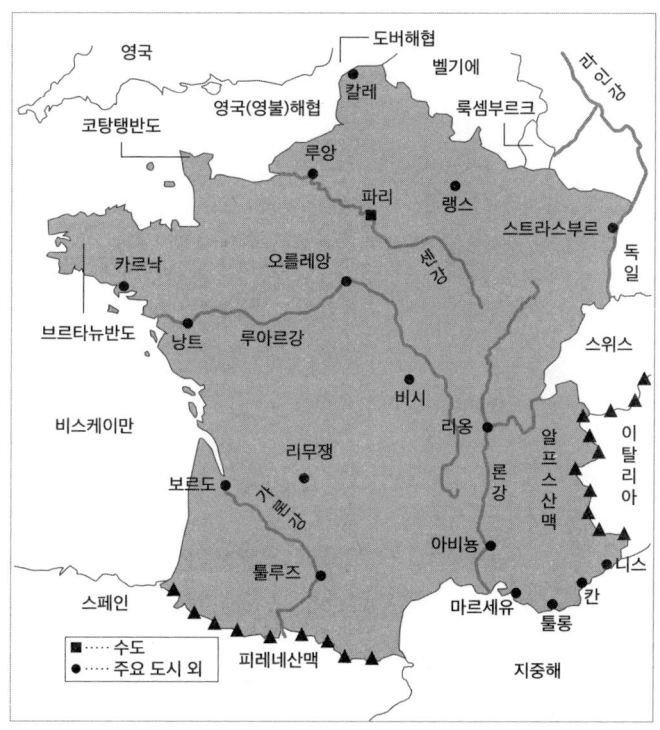

면적 약 67.5만㎢ (속령 포함)
인구 약 6,800만 명
파리 인구 약 213만 명

※ 출처: 주프랑스 대한민국 대사관 홈페이지(2024년 11월 기준).

<프랑스의 해외 영토>

지역명	소재 지역
과들루프	카리브해
마르티니크	카리브해
프랑스령 기아나	남아메리카
레위니옹	인도양
마요트	코모로 제도

랑스어를 하는 사람은 모두 프랑스인'이라고 생각하는 경향이 크며 이민 가정 출신의 대통령이나 각료도 있는 등 인종·민족의 다양성이 있는 나라입니다. 프랑스라는 나라는 어떻게 형성되어 지금의 모습이 됐을까요? 그 긴 여정을 지금부터 따라가 봅시다.

* * * Chapter 1 * * *

새 질서를 맞이한 갈리아 시대

001 선사시대의 흔적

프랑스라는 나라가 생기기 훨씬 전부터 지금의 프랑스 땅에는 다양한 사람들이 찾아와 생활을 영위하고 있었다는 것이 발굴 조사 등을 통해 알려지게 됐습니다. 프랑스 남서부, 스페인 국경과 가까운 토타벨 마을의 발굴 조사에서는 1971년에 사람 두개골이 발견되었고 그 후에도 여러 개의 사람 뼈가 나왔습니다. 이것들은 무려 55만~30만 년 전 이 땅에 살았던 '원인原人'의 것으로 추정되고 있습니다. 그로부터 세월이 흘러 지금으로부터 약 20만 년 전 인류의 직접 조상에 해당하는 '신인新人', 즉 호모 사피엔스가 등장합니다.

1868년 프랑스 남서부의 레제지라는 마을 근처 바위 그늘 유적에서는 사람 뼈 화석 5구가 발견되었습니다. 이 화석은 신인으로 추정됐고 유적의 이름을 따서 '크로마뇽인'으로 이름 붙여졌습니다. 당시는 구석기 시대 후기로 크로마뇽인들은 다양한 석기를 만들어 수렵·채집에 힘쓰는 한편, 이미 인류만의 창작 활동도 하고 있었습니다. 그중 유명한 것이 같은 지역에 있는 '라스코 동굴 벽화'입니다. 벽화가 어떤 목적으로 그려졌는지는 정확히 알려지지 않았습니다. 크로마뇽인이 발견된 바위 그늘 유적과 라스코 동굴은 '베제르 계곡의 선사 유적지와 동굴 벽화'로 1979년 유네스코 세계 유산에 등재되었습니다.

이후 유럽에서는 기원전 6000년경부터 간석기가 만들어지는 신석기 시대에 접어들었고 기원전 4000년경부터는 농경과 목축이 이루어진 것으로 보입니다. 신석기 시대에는 거대한 돌을 이용한 건축물이 특징인 거석문화가 꽃피었습니다. 그중 영국의 스톤헨지가 유명한데 프랑스 북서부 브르타뉴 지방에도 카르낙 열석이라는 유적이 있습니다. 기원전 4000년에서 기원전 2000년경에 만들어진 것으로 추정되며 전체 폭은 약 100m로 10~13개의 줄로 늘어선 선돌menhir 돌기둥이 4km나 이어집니다. 만들어진 이유에 대해서는 여러 가지 설이 있는데 아직 한 가지로 특정된 바는 없습니다.

기원전 2000년경 청동기 시대에는 이미 유럽 각 지역 간에 교역이 이루어지고 있었습니다. 현재 프랑스를 비롯한 유럽 전역에는 인도유럽어족으로 분류되는 사람들이 널리 분포해 있는데, 이들이 유럽에 정착해 살기 시작한 것이 바로 이 무렵의 일입니다. 이윽고 기원전 5세기경에는 인도유럽어족에 속하는 켈트인이 지금의 프랑스를 시작으로 이베리아반도, 그레이트브리튼섬 등을 포함한 광대한 지역에 정착했습니다.

002 켈트인과 갈리아인

'켈트'라는 명칭은 고대 그리스인이 켈트인을 '켈트이'라고 부른 데서 비롯되었습니다. 일부에서는 '외지인'을 의미한다고도 하지만 정확한 것은 알려지지 않았죠. 고대 로마인은 지금의 프랑스를 중심으로 한 지역에 정착한 켈트인을 '갈리'라고 부르고 갈리가 정착한 땅을 '갈리아'라고 불렀습니다. 참고로 프랑스어로 갈리아는 '골', 갈리아인은 '골루아'라고 합니다.

한편, 청동기 시대를 잇는 중앙 유럽의 철기 시대는 전기인 '할슈타트 문화 시대'(기원전 8세기~기원전 5세기경)와 후기인 '라텐 문화 시대'(기원전 5세기~기원전 1세기경)로 나뉩니다. 라텐 문화 시대 당시 갈리아에 정착한 켈트인, 즉 갈리아인은 자연 지형을 이용해 언덕 위에 '오피둠'이라 불리는 요새를 세우고 생활하기 시작했습니다. 하지만 갈리아인에 의한 통일 국가는 탄생하지 않았고 부족 단위의 생활이 이어졌습니다. 신분이 나뉜 사회였으며, 의식을 주관하는 동시에 정치적 지도자이기도 했던 드루이드(사제)를 정점으로 귀족(전사), 평민(농민이나 목수)으로 구성돼 있었습니다. 종교 및 달력, 미술, 농경 기술 등 독자적인 문화가 풍부하게 발전한 것으로 알려져 있습니다.

003 로마의 침공

기원전 6세기경부터 지중해 연안의 갈리아 땅에 그리스인들이 여러 개의 식민 도시를 세웠습니다. 그중 유명한 것이 아카이아인이 세운 마살리아로, 지금의 마르세유에 해당합니다. 현재의 앙티브, 니스도 각각 안티폴리스와 니카이아라는 식민 도시였습니다.

기원전 2세기 중반, 갈리아인 부족이 이 식민 도시들을 공격합니다. 당시 이 도시들은 공화정 국가로서 세력을 키운 고대 로마와 동맹 관계에 있었습니다. 따라서 이들은 로마에 지원을 요청했고 로마와 갈리아인 부족 사이에 충돌이 일어났습니다. 승리한 로마군은 갈리아 남부에 나르보넨시스라고 불리는 속주(프로빈키아)를 건설합니다. 갈리아로 진출할 발판을 마련한 셈이죠. 이 프로빈키아라는 말이 프랑스 남동부 '프로방스'라는 지명의 유래가 됩니다.

같은 무렵 인도유럽어족으로 원래 북유럽에서 생활하던 게르만계의 여러 부족이 갈리아를 침입하기 시작합니다. 이로 인해 긴장감은 고조되고 다른 곳으로 이주를 강요받는 갈리아인 부족도 나타나기 시작했습니다. 갈리아 북부로의 진출을 호시탐탐 노리던 로마의 갈리아 지구 총독, 카이사르는 기원전 58년 이 기회를 틈타 게르만인을 토벌하면서 갈리아인 부족을 제압하기 위한 '갈리아 전쟁'을 일으킵니다. 갈리아인의 여러 부족은 일치단결해 카이사르가 이끄는 로마군에 도전하지만 패배하고 맙니다.

004 로마 지배하의 갈리아

카이사르가 갈리아를 평정하고 얼마 지나지 않은 기원전 27년, 카이사르의 양자였던 옥타비아누스가 초대 황제 아우구스투스가 되면서 로마는 공화정에서 제정으로 바뀝니다. 아우구스투스 황제는 갈리아 코마타를 '아키타니아', '루그두넨시스', '벨기카'라는 3개의 속주로 나눴습니다.

갈리아의 4개 속주

아키타니아는 지금의 프랑스 남서부 아키텐 지방에 해당합니다. 루그두넨시스는 지금의 리옹에서 북서쪽의 브르타뉴에 이르는 지역이죠. 벨기카는 지금의 프랑스 북동부에서 네덜란드, 벨기에, 룩셈부르크, 나아가 독일 서부를 포함하는 지역으로 그 이름은 그 땅에 살았던 벨가이족에서 유래했고 벨가이는 지금의 벨기에라는 명칭의 기원이기도 합니다. 이로써 기원전 2세기 말부터 속주였던 나르보넨시스와 함께 갈리아 땅에 4개의 속주가 생겼습니다.
 다른 3개 속주보다 앞서 로마의 속주가 되었던 나르보넨시스에는 로마의 문화가 이미 침투해 있었습니다. 도시 입구에는 로마식 문이 세워졌고 도시 내부에는 원형 투기장과 반원형 극장, 공중목욕탕 등의 시설이 만들어졌습니다. 프랑스의 도시 님에는 원형 투기장 등 옛 건축 잔존물들이 많은데, 그중 교외로부터 물을 운반하는 수도교였던 '가르교'는 세계 유산에도 등재돼 있습니다. 또 다른 도시 아를에 있는 원형 투기장 역시 로마 유적과 로마네스크 양식 건조물을 볼 수 있는 곳으로 세계 유산에 등재돼 있습니다.
 이윽고 나르보넨시스와 마찬가지로 다른 3개의 속주에서도 로마 문화는 서서히 확산해 갔습니다. 로마인 정착민과 갈리아인의 혼혈인도 태어나기 시작했죠. 이렇게 태어난 사람들을 포함해 로마 지배 후의 갈리아인은 '갈로 로마인'이라고 불립니다.

 제정기의 로마에서는 로마 시민권(관직에 취임하기 위한 선거권을 비롯한 여러 가지 권리)을 속주민에게도 적극적으로 부여했습니다. 이윽

고 갈리아 전역에서 로마 시민권을 부여받은 속주민, 나아가 원로원 의원뿐만 아니라 통치를 담당하는 관직에 오르는 사람의 수도 늘어갔습니다. 그들은 '세나토르 귀족'이라고 불리며 훗날 프랑스 귀족 계급의 기원 중 하나를 형성하게 됩니다.

막강한 로마 제국 아래서 '로마의 평화(팍스 로마나)'가 제창되던 이 시대, 갈리아에서는 산업도 크게 발전했습니다. 원래 비옥한 땅이었기에 포도와 올리브 재배를 비롯한 농업이 활발히 이루어졌는데 갈리아산 포도주는 반응이 좋아 로마 제국의 각지에 수출되었던 것 같습니다. 또한 공구와 농기구, 도자기 기술, 모직물 등 다양한 공업이 발전하고 교역도 활발히 이뤄졌습니다.

005 로마 지배의 끝

그러나 팍스 로마나가 언제까지나 계속될 리는 없었고 이윽고 로마 제국은 외부의 적으로 고난을 겪습니다. 특히 기원후 2세기 중반부터 게르만인들이 로마 제국을 위협하기 시작합니다.

3세기 후반 로마 제국은 당시 힘을 키워 온 사산 왕조 페르시아를 견제하기 위해 동방으로 병력을 분산시켜야 했습니다. 그 결과, 로마의 북방 방위가 소홀해져 프랑크족이나 알레만니족 등 게르만인의 여러 부족이 침입해 갈리아 사회는 혼란에 빠집니다.

이 혼란을 틈타 갈리아 속주의 총독으로 알려진 포스트무스가 멋대로 로마 황제를 자칭하고 260년에 '갈리아 제국'을 수립했습니다. 이로 인해 일시적으로 게르만 세력은 억압받지만 274년 갈리아 북부로 원정한 로마 황제가 갈리아 제국을 멸망시키자 다시 게르만인들의 기세는 올라갑니다.

283년에는 현재의 브르타뉴반도에 해당하는 아르모리카 지방에서 농민들이 봉기하여 로마로부터의 독립을 선언하는 사건이 발생했습니다. 4년 만에 진압됐지만 로마에 대한 반란의 기운은 그 후에도 계속됐습니다.

이 사태로 284년 로마 황제가 된 디오클레티아누스는 4개의 속주를 2개의 지역으로 다시 편성하게 됩니다. 바로 7개의 주로 구성된 갈리아 남부의 '비에넨시스 관구'와 10개의 주로 이루어진 갈리아 북부의 '갈리아 관구'입니다. 324년에 제위에 오른 콘스탄티누

게르만인의 이동

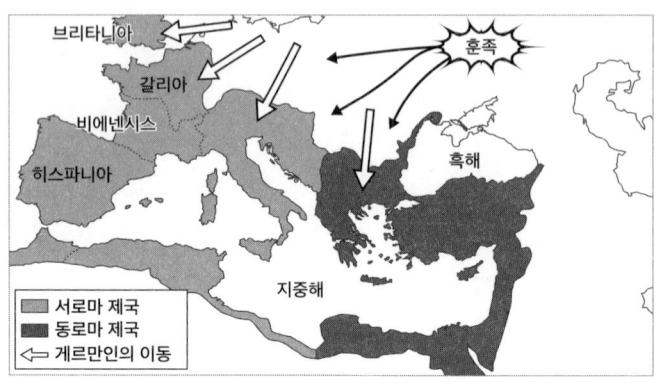

스 대제는 기존의 비에넨시스 관구와 갈리아 관구에 지금의 스페인·포르투갈에 해당하는 '히스파니아 관구'와 지금의 영국 남부에 해당하는 '브리타니아 관구'를 더했고 이 4개의 관구를 합쳐 '갈리아도道'라고 했습니다.

이렇게 해도 너무 광대해진 로마 제국을 구석구석 관리하고 통치하는 것은 불가능했습니다. 395년 테오도시우스 황제가 죽자 장남 아르카디우스와 차남 호노리우스가 각각 뒤를 이었고, 로마 제국은 동로마 제국(비잔티움 제국)과 서로마 제국으로 나뉩니다. 갈리아는 서로마 제국의 지배 지역이 됐습니다.

그 무렵 게르만인의 이동이 격화됐습니다. 아시아계 유목민인 훈족이 흑해의 북쪽을 침공하고 이에 밀려나듯 게르만인 부족들이 동, 서로마 제국 내로 흘러 들어간 것입니다. 갈리아에는 훈족의 침공을 피해 온 반달족, 알란족, 수에비족, 서고트족, 부르군트족, 프랑크족 등 다양한 게르만인 부족이 침입해 각지에 정착했습니다.

　475년 서로마 제국은 갈리아 서남부에 만들어진 서고트 왕국에 오베르뉴 지방을 할양함으로써 갈리아에서 영향력을 잃었습니다. 이듬해인 476년 게르만인 용병 대장이었던 오도아케르가 마지막 서로마 황제 로물루스 아우구스툴루스를 폐위시켰고 서로마 제국은 멸망합니다. 이렇게 해서 500년에 가까운 로마의 갈리아 지배가 마침내 종지부를 찍게 됩니다.

알면 알수록 재미있는 프랑스의 위인 ★ 1 ★

국민 만화의 모델이 된 갈리아인, 베르킨게토릭스

여러 부족을 이끌고 로마군에 맞서다

기원전 58년에 카이사르가 갈리아 전쟁을 일으키자 여러 갈리아인 부족들은 아르베르니족의 족장, 베르킨게토릭스의 지휘 아래 힘을 합쳐 로마군에 맞섭니다. 그러나 기원전 52년 알레시아 전투에서 갈리아인 부족들은 로마군에 포위되었고 베르킨게토릭스는 포로의 몸이 됩니다. 그 후 6년간의 투옥 끝에 26세의 나이로 처형됐습니다.

베르킨게토릭스를 중심으로 한 갈리아인의 로마군에 대한 저항은 프랑스의 인기 만화 '아스테릭스'의 소재가 됐습니다. 드루이드가 만든 마법의 약을 먹고 무적의 힘을 손에 넣은 주인공 아스테릭스가 오벨릭스라는 동료와 함께 카이사르가 이끄는 로마군을 한바탕 놀라게 한다는 내용입니다. 이 작품은 1959년 발표된 후 지금도 국민 만화로 큰 인기를 얻어 실사 영화로도 제작됐습니다.

✦✦✦ Chapter 2 ✦✦✦

중세 유럽을 연
프랑크 왕국

006 프랑크 왕국의 대두

서로마 제국이 476년에 멸망하자 게르만인 부족들이 그 영토에서 패권을 다툽니다. 갈리아 땅을 지배한 것은 세 부족, 즉 서고트족과 부르군트족, 그리고 프랑크족이었습니다.

서고트족은 418년에 갈리아 남서부에 정착하여 서고트 왕국을 일구고 톨로사(지금의 툴루즈)에 도읍을 세우는 등 한때는 강대한 세력을 자랑했지만, 507년 프랑크 왕국과의 싸움에서 패하고 그 후에는 이베리아반도로 거점을 옮겼습니다.

부르군트족은 443년에 현재의 프랑스 남동부에 정착하여 부르군트 왕국을 세웠고 457년경에 거점을 리옹으로 옮겼지만 534년에 프랑크족에 의해 멸망합니다. 와인의 산지로 유명한 부르고뉴 지방의 이름은 이 부르군트족에서 유래했습니다.

한편, 서고트족과 부르군트족을 물리치고 서로마 제국이 멸망한 후의 갈리아에서 패권을 공고히 한 것이 바로 프랑크족이 세운 프랑크 왕국입니다. 프랑크족은 358년 지금의 벨기에 북서부에 정착했고 그 후 북프랑스에 진출했습니다. 프랑크족이라고 불리지만 단일 부족이었던 것은 아니고 다양한 부족이 모여 완성된 집단이었던 것 같습니다. 또한 '프랑크'라는 명칭은 원래는 '대담한 자', '용감한 자'를 뜻하는 라틴어로 지금의 '프랑스'라는 국명의 어원이 됐다는 설이 유력합니다.

007 메로베우스 왕조가 시작되다

프랑크 왕국을 세운 것은 클로비스 1세입니다. 아버지이자 프랑크족의 우두머리인 킬데리크 1세가 죽자 481년 16세의 나이로 왕위에 올랐습니다. 클로비스가 창시한 왕조는 그 할아버지인 메로베우스의 이름을 따서 '메로베우스 왕조'라고 불립니다. 486년에는 수아송 전투에서 갈리아 북부를 지배하던 '로마인들의 왕' 시아그리우스를 물리치고 영토를 넓혔습니다.

클로비스 1세는 부르군트 왕국의 공주이자 기독교인이었던 클로틸드를 아내로 맞아 496년 병사 3,000명과 함께 그리스도교 로마 가톨릭으로 개종했습니다. 당시 갈리아의 게르만인 인구는 5% 정도에 불과했고 주민들에게 큰 영향을 미쳤던 것은 기독교의 주교직을 겸하던 갈로 로마인 귀족이었습니다. 즉, 클로비스 1세의 개종은 프랑크족의 지배를 갈로 로마인들이 받아들이기 위해 매우 중요한 사건이었던 것입니다.

507년 클로비스 1세는 서고트 왕국을 꺾고 영토를 더욱 확장한 데 이어 508년에는 파리를 왕도로 정했습니다. 511년 클로비스 1세가 사망했을 때 프랑크 왕국의 국토는 켈트계 브르통족이 사는 아르모리카반도(지금의 브르타뉴반도) 등 일부 지역을 제외하면 현재의 프랑스 국토와 거의 같은 범위까지 퍼져 있었습니다.

008 로마 교회와의 협력

클로비스 1세가 세력을 확장할 수 있었던 배경에는 기독교와의 유대가 있었습니다. 원래 기독교는 유대교에서 파생된 종교로 1세기 중동에서 성립되었습니다. 창시자인 예수가 죽은 후 제자들은 예수를 그리스도(구세주)로 여기고 그 가르침을 당시 광활한 영토를 자랑하던 로마 제국 각지에 포교했습니다. 기독교는 1세기에 벌써 제국의 수도에까지 전해졌던 것 같습니다.

기독교가 갈리아에 전해진 것이 언제인지 정확한 것은 알 수 없지만 2세기에는 갈리아에도 교회가 존재했습니다. 177년 로마 황제의 명령으로 루그두눔(현재의 리옹)에서 기독교인에 대한 박해가 일어나 주교인 포티누스를 비롯한 48명의 신자가 순교했습니다.

3세기가 되자 기독교는 로마 제국 내에서 영향력을 확대합니다. 313년에는 로마 제국에서 공인되었고 392년에는 로마 제국의 유일한 국교가 되었습니다. 이에 발맞추듯 로마 교회, 콘스탄티노플 교회, 알렉산드리아 교회, 예루살렘 교회, 안티오키아 교회의 5대 본산을 중심으로 기독교의 교회 제도가 정비되어 갑니다. 정기적으로 회의가 열려 기독교의 각 종파가 정통인지 이단인지를 판단하고 확인했습니다.

395년 로마 제국이 서로마 제국과 동로마 제국(비잔티움 제국)으로 분열됩니다. 476년 서로마 제국이 망하자 로마 교회(훗날 로마 가톨릭교회)는 뒷배를 잃고 동로마 제국을 뒷배로 하는 콘스탄티노플 교회와의 수위권 싸움에서 열세에 놓입니다. 그래서 로마 교회는 게르만인에 대한 포교에 힘을 쏟습니다. 그러던 중 클로비스 1세가 로마 교회 관할하에 있는 랭스의 대주교 밑으로 개종한 것은 로마 교회로서는 생각지도 못한 반가운 일이었습니다.

참고로 훗날 프랑스 왕 대부분이 랭스의 노트르담 대성당에서 대관식을 거행했습니다. 이때 랭스의 대주교가 왕의 머리에 성유^{聖油}를 부어 특별한 힘을 주는 기독교 의식인 '성별^{聖別}'을 거행한다고 해서 대관식은 '성별식'이라고도 불립니다.

사실 같은 게르만인 국가인 서고트 왕국이나 부르군트 왕국은 프랑크 왕국보다 한발 앞서 기독교로의 개종이 행해졌지만, 당시 정통으로 여겨졌던 아타나시우스파가 아니라 이단으로 여겨졌던 아리우스파였습니다.

로마 교회도 지지하는 아타나시우스파는 예수(그리스도)가 신과 동일하다고 믿는 파로 '아버지인 신'과 '자녀인 그리스도'와 '성령'이 동일한 존재라고 여겼습니다. 반면에 아리우스파는 예수는 어디까지나 사람이라는 교리였습니다. 즉, 프랑크 왕국은 로마 교회의 지지를 받은 유일한 게르만인 국가가 된 것입니다.

처음에는 도시부를 중심으로 신봉하던 로마 교회의 가르침은 곧 농촌 지역으로도 확산합니다. 농촌에서는 갈로 로마 시대의 종교도 뿌리 깊게 남아 있었지만 로마 교회는 필요에 따라서 그러한 요소도 받아들이며 신도를 늘려 갔습니다.

009 신하에게 나라를 빼앗기다

프랑크족에게는 아들에게 재산을 균등하게 상속하는 관습이 있었습니다. 그래서 클로비스 1세가 죽은 후 프랑크 왕국은 4명의 아들에 의해 4개의 왕국으로 분할됩니다. 이를 '분왕국'이라고 합니다. 테우데리크 1세는 랑스를 수도로 하는 분왕국을, 클로도미르는 오를레앙을 수도로 하는 분왕국을, 킬데베르 1세는 파리를 수도로 하는 분왕국을, 클로타르 1세는 수아송을 수도로 하는 분왕국을 각각 상속받습니다.

4개로 분할된 프랑크 왕국

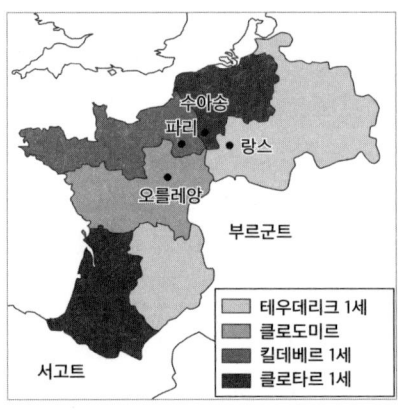

그로부터 몇 세대에 걸쳐 왕국의 계승과 재분할, 재통합이 이뤄졌고 부르군트 왕국 등을 공격해 멸망시켜 영토에 추가함으로써 프랑크 왕국은 아우스트라시아(동분왕국), 네우스트리아(서분왕국),

부르군트라는 3개의 분왕국으로 정리됩니다. 이후 프랑크 왕국 전체를 한 명의 왕이 통치하는 시대도 있었지만 3개의 분왕국 구조가 정착되며 메로베우스 왕조의 프랑크 왕국이 하나의 나라로 재통일되지는 못했습니다.

대代가 바뀔 때마다 통일과 분할이 반복되며 프랑크 왕국은 약해져 갔습니다. 그러다 보니 권력 중추에서 두각을 나타낸 인물이 있었습니다. 바로 카를입니다. 카를은 아우스트라시아에서 '마이오르 도무스(궁재)'라는 왕의 최측근 관직을 맡은 피핀(피핀 2세)의 아들로 태어났는데 아버지의 사후에 그 자리를 이어받고 3개의 분왕국 모두의 궁재를 겸하며 프랑크 왕국 전체의 권력을 잡습니다.

732년 이베리아반도에서 이슬람 세력이 북상합니다. 카를은 군사를 이끌고 투르 푸아티에 전투로 이들을 격파했습니다. 일설에 의하면 이러한 전장에서의 용감한 모습 때문에 프랑스어로 '망치'

카롤링거 가문의 가계도

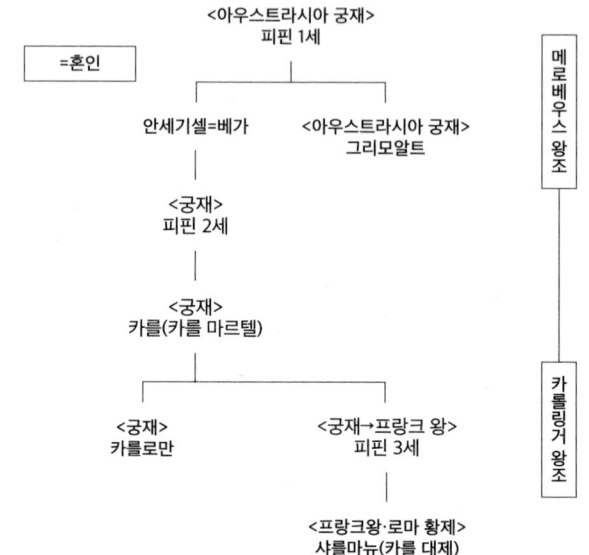

를 뜻하는 '마르텔'이라는 별명이 붙어 카를 마르텔(또는 카롤루스 마르텔루스)라고 불리게 되었다고 합니다.

카를의 아들 피핀도 무예가 뛰어났고 종종 남부로 원정하여 랑그도크 지방을 영토에 추가했습니다. 751년 피핀은 메로베우스 왕조의 왕이었던 킬데리크 3세를 퇴위시키고 스스로 프랑크 왕국의 왕(피핀 3세)으로 즉위합니다. 이렇게 메로베우스 왕조가 막을 내리고 '카롤링거 왕조'가 시작됐습니다. 카롤링거 왕조라는 명칭은 아버지인 카를(카롤루스)의 이름을 따왔습니다.

피핀의 즉위는 왕위 찬탈이나 마찬가지였습니다. 이 때문에 피핀 3세는 자신의 행위를 정당화하기 위해 '도유塗油'라는 의례를 도입했습니다. 《구약성서》에서 유래한 도유는 주교가 신체에 성유를 발라 주는 의식입니다. 피핀 3세는 즉위할 때 교황에게 도유를 행하게 했습니다.

즉위를 승인받은 대가로 피핀 3세는 756년 이탈리아 라벤나 지방의 지배권을 교황에게 헌정했습니다. 라벤나 지방은 피핀 3세가 지금의 이탈리아 대부분을 지배하고 있던 랑고바르드 왕국을 공격하여 획득한, 이탈리아 북부에서 중부에 걸친 땅입니다. 교황이 직접 지배하는 '교황령'의 탄생이었습니다. 이 사건은 '피핀의 기증'이라고 불립니다.

010 대제에 의한 영토 확장

카롤링거 왕조가 지배하는 프랑크 왕국의 기세를 더욱 강하게 한 것은 피핀 3세의 아들 샤를(카를)이었습니다. 샤를은 768년에 아버지의 뒤를 이어 왕(샤를 1세, 카를 1세)이 됩니다. 그는 샤를마뉴(프랑스어로 '큰 샤를'이라는 뜻. 카를 대제라고도 함)라는 통칭대로 건장한 체격이었다고 합니다. 원래는 동생 카를로만(카를만)과 함께 왕위를 계승했지만 771년 카를로만이 요절하자 이후에는 홀로 국토를 통치했습니다.

샤를마뉴의 일생은 싸움의 연속이었습니다. 수십 차례에 걸쳐 원정하며 영토 확장을 위해 노력한 끝에 프랑크 왕국은 남쪽으로는 이베리아반도, 북쪽으로는 지금의 덴마크, 동쪽으로는 지금의 헝가리에 이르는 광대한 판도를 손에 넣었습니다.

이 엄청난 진격을 기뻐한 이들이 또 있었으니, 바로 로마 교회였습니다. 피핀의 기증으로 친밀해졌던 프랑크 왕국과 로마 교회의 관계는 774년 샤를마뉴가 랑고바르드 왕국을 멸망시키고 스스로 랑고바르드 왕이 되어 아버지와 마찬가지로 중부 이탈리아를 교황에게 기증하면서 더욱 깊어집니다.

800년 크리스마스 날 로마를 방문한 샤를마뉴에게 교황 레오 3세는 '로마 황제'의 관을 수여했습니다. 476년 서로마 제국 멸망 이후 300여 년 만에 옛 서로마 제국 땅에 황제권이 부활한 순간입니다. 왕의 세속적 권력과 교황의 종교적 권력은 이렇게 해서 밀접하게 연결된 것입니다. 이후 10세기 전반까지 샤를마뉴의 핏줄이 황위를 계승합니다.

다만 동로마 제국이나 이슬람에서는 군주가 종교적 우두머리도 겸했던 것과 달리, 프랑크 왕국에서는 밀접하게 연결되었다고는 하지만 따로 분리되어 있었습니다. 그리고 이것이 훗날 역사에 다양한 영향을 미치게 됩니다.

샤를마뉴는 전국을 약 500개 지역으로 나누어 통치했습니다. 그 임무에 해당하는 관리를 '백작'이라 하고 백작이 통치하는 토지를 '백작 관구'라고 했습니다. 그리고 자신에게 충실한 가신을 백작으로 파견하여 지방에도 자신의 권력이 미치도록 했습니다. 이미 세력을 갖고 있던 지방 유력자를 국왕이 백작으로 임명한 메로베우스 왕조의 경우와는 크게 다른 통치 방법입니다. 지방에 파견된 백작은 힘을 길러 이윽고 유력한 귀족이 됐습니다.

샤를마뉴는 문화면에도 힘을 쏟았습니다. 브리튼섬의 신학자 앨퀸을 비롯한 수많은 지식인을 궁정으로 초청하여 라틴어를 중심으로 한 로마 문화의 부흥에 힘썼습니다. 이는 14세기 이탈리아에서 시작된 그리스 로마 문화의 부흥 운동(르네상스)의 이름을 따서 후세에 '카롤링거 르네상스'로 평가받고 있습니다. 이러한 업적들 때문에 샤를 1세(카를 1세)는 '샤를마뉴(카를 대제)' 또는 '유럽의 아버지'라고도 불립니다.

011 프랑크 왕국의 분열

814년 샤를마뉴가 사망하면서 46년에 달하는 긴 통치 기간이 막을 내렸습니다. 뒤를 이은 것은 셋째 아들 루이(루이 1세, 루트비히 1세)입니다. 루이의 형제는 모두 요절했기 때문에 루이는 프랑크 왕국 전역을 상속받습니다. 루이 1세는 즉위한 지 몇 년 후 장차 장남 로타르, 차남 피핀, 삼남 루이 이 세 사람에게 왕국을 나누어 주기로 합니다.

그런데 이후 루이 1세가 재혼하여 새 아내와 낳은 넷째 아들 샤를에게도 영토를 나누어 주려고 하자 이를 계기로 루이 1세와 로타르 사이에 다툼이 생겼습니다. 그리고 이윽고 부모와 자식들을 중심으로 주변 사람들까지 가세한 대립이 일어납니다.

838년 피핀, 840년 루이 1세가 연이어 죽자 로타르는 프랑크 왕국 전역을 영유하려 했습니다. 그러나 서로 손을 잡은 루이와 샤를에게 패하면서 843년 3명 사이에 '베르됭 조약'이 맺어집니다.

그리하여 프랑크 왕국은 '동프랑크 왕국', '중프랑크 왕국', '서프랑크 왕국'으로 분할됐고 장남 로타르(로타르 1세)가 중프랑크 왕국을, 삼남 루이(루이 2세, 루트비히 2세)가 동프랑크 왕국을, 넷째 아들 샤를(샤를 2세)이 서프랑크 왕국을 다스리게 됐습니다.

로타르 1세가 죽자 다시 세 왕국 사이에서 영토 분쟁이 시작되면서 870년 메르센 조약이 체결되었습니다. 조약에 따라 동프랑크 왕국과 서프랑크 왕국은 영토를 넓혔지만, 중프랑크 왕국의 영토는 좁아져 이탈리아 왕국이 되었습니다. 프랑크 왕국은 이후에도 통일되지 않고 동프랑크 왕국은 '독일', 중프랑크 왕국은 '이탈리아', 그리고 서프랑크 왕국은 '프랑스'의 원형이 됩니다.

2가지 조약에 의한 영토 변화

<베르됭 조약에 의한 영토 변화>

<메르센 조약에 의한 영토 변화>

012 서프랑크 왕국의 혼란

서프랑크 왕국의 출범은 순탄하지 않았습니다. 877년 샤를 2세가 사망하자 그 후손들이 왕위를 이어받지만 모두 단명하고 왕권이 약해집니다. 설상가상으로 외적이 서프랑크 왕국을 습격해 왔습니다.

서프랑크 왕국에 해당하는 지역은 프랑크 왕국 시대부터 이슬람 세력과 마자르인(헝가리인) 등으로부터 공격을 받았는데 이 시대 때는 특히 해안과 주요 하천 주변에 나타나 약탈하는 바이킹의 침략이 주를 이뤘습니다. 바이킹이란 원래 스칸디나비아반도 일대에 살고 있던 게르만인으로, 그 무렵 서유럽의 각지를 휩쓸고 다녔습니다. 845년에는 바이킹 무리가 센강을 거슬러 파리까지 도달해 약탈 행위를 벌였습니다. 파리는 그 후 몇 번이나 바이킹의 위협을 받았죠.

바이킹은 침략한 땅에 그대로 정착하기도 했습니다. 911년 샤를 3세 때는 롤로라는 우두머리가 이끌던 바이킹이 서프랑크 왕국을 습격했는데 서프랑크 왕국에서의 약탈 행위를 그만둘 것과 기독교로 개종하는 것을 조건으로 토지를 부여받아 그곳에 정착했습니다. 그들이 정착한 북서부의 노르망디 지방은 곧 노르망디 공국이 되었고 그들은 노르만인이라고 불리게 되죠. 1066년에는 노르망디 공작 기욤이 잉글랜드 왕국(훗날의 영국)을 정복하는 등 프랑스와 잉글랜드의 관계에 큰 영향을 미칩니다.

이렇듯 왕권의 약화와 외적의 위협이 이어지자 서프랑크 왕국에서는 지방을 다스리는 귀족들이 세력을 강화하게 됩니다. 그들은 '영방領邦 군주'라고 불렸고 그 영지領地인 '영방'이 많이 있었기 때문에 서프랑크 왕국은 소국들의 집합체와 같은 상태였습니다.

　10세기가 되자 부르고뉴 공작과 기엔 공작, 앙주 백작, 플랑드르 백작, 노르망디 공작 등 여러 영방 군주가 각축을 벌였습니다. 왕권의 약화는 계속 이어졌고 이윽고 서프랑크 국왕은 세습이 아니라 유력한 영방 군주들의 선거로 선출되게 됩니다.

알면 알수록 재미있는
프랑스의 위인 ★ 2 ★

황제를 위해 명검을 휘두른 용사, 롤랑

전설의 주인공으로 후세에 이름을 남기다

싸움을 일삼은 샤를마뉴의 일생은 '샤를마뉴 전설'로 후세에 전해지고 있습니다. 그 전설에 등장하는 샤를마뉴의 12명의 용사(12기사)의 모델이 된 인물 중 하나가 브르타뉴 변경 백작 롤랑입니다.

롤랑의 실상은 명확하게 알려지지 않았습니다. 다만 778년에 이베리아반도로 원정해 이슬람 세력과 싸우고 돌아오는 길, 샤를마뉴의 군대가 산악 민족의 습격을 받아 절체절명의 위기를 맞이했을 때 맨 끝에서 적을 막아선 부대 안에 롤랑의 이름이 있었습니다.

11세기에 성립된 중세 문학의 걸작으로 유명한 서사시(무훈시) 《롤랑의 노래》에서는 부하를 차례차례 잃으면서도 끝까지 명검 뒤랑달을 휘두르며 적을 막아 힘이 다해 목숨을 잃을 때까지의 롤랑의 모습이 용맹하게 그려져 있습니다.

Chapter 3

프랑스의 시작

013 로베르 가문의 대두

 카롤링거 왕조가 약해져 가던 서프랑크 왕국에서 두각을 나타낸 것이 로베르 가문이었습니다. 로베르 가문은 원래 지금의 독일 라인강과 뫼즈강 사이에 있는 지역을 거점으로 하는 제후였지만 840년경 일족인 로베르 르 포르가 프랑스 북서부, 지금의 앙제로 거점을 옮깁니다. 루이 1세가 죽고 베르됭 조약으로 프랑크 왕국이 동프랑크 왕국, 중프랑크 왕국, 서프랑크 왕국으로 나누어질 무렵의 일입니다. 로베르 르 포르는 866년에 바이킹과의 싸움에서 목숨을 잃을 때까지 영토를 늘리고 세력을 강화했습니다.
 로베르 르 포르의 뒤를 이은 아들 외드는 882년 파리 백작에 임명됩니다. 886년에는 바이킹에게 파리를 포위당해 위기에 빠졌지만 1년에 걸친 싸움 끝에 격퇴해 명성과 덕망을 높였습니다. 한편 같은 시기 카롤링거 왕조에서는 왕의 단명이 잇따랐습니다.
 884년에 카를로망 왕이 죽자 885년에는 동프랑크 왕국의 왕인 카를 3세가 서프랑크 왕을 겸했습니다. 하지만 카를 3세도 888년에 사망하자 처음으로 카롤링거 가문에 속하지 않은 외드가 서프랑크 왕국의 실력자들과 주교들의 추천을 받아 왕위에 오르게 됩니다. 그렇다고 카롤링거 가문이 단절된 것은 아닙니다. 898년에 외드가 후사 없이 죽자 다시 카롤링거 가문이 왕위를 되찾고 샤를 3세가 즉위했습니다.
 외드가 죽은 뒤 로베르 가문을 이끈 것은 동생 로베르였습니다. 로베르는 샤를 3세를 폐위시키고 922년에 로베르 1세로 왕위에 오

왕가의 변화

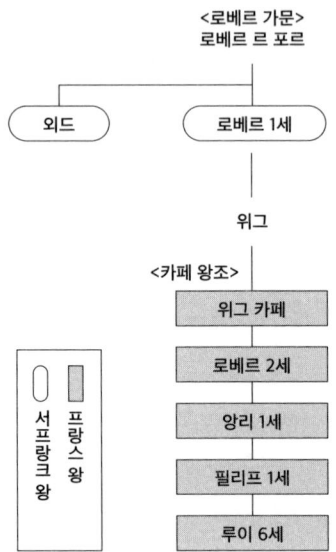

르게 됩니다. 1년 뒤인 샤를 3세와의 싸움에서 로베르 1세는 전사하지만 그의 아들 위그는 싸움에서 승리하여 '대* 위그'라고 부릴 정도의 실력자가 됩니다. 그러나 카롤링거 왕조를 뒤에서 지원하여 왕으로 즉위하진 않았습니다.

014 카페 왕조의 시초

987년 루이 5세가 후사 없이 사망하자 다음 왕위 후보자로 루이 5세의 삼촌이자 로렌 공작이었던 샤를, 그리고 대 위그의 아들인 위그 카페가 거론되었습니다. 결과는 랭스 대주교로부터 좋은 평가를 받고 아키텐 공작과 노르망디 공작, 고高로렌 공작(10세기에 로렌은 고高로렌, 저低로렌으로 나뉘었음)과 인척 관계를 이루고 있던 위그 카페의 승리였습니다. 같은 해 위그 카페가 즉위하면서 로베르 가문의 인물은 다시 왕위에 오르게 됩니다. 위그 카페의 '카페'는 사실 위그의 별명입니다. 본래 성직자가 두르는 '케이프'를 뜻하는 말로 위그가 애용했기에 이런 별명이 붙었습니다.

위그 카페 이후 그 후손들은 대대로 왕위에 오릅니다. 위그의 별명을 바탕으로 왕조는 '카페 왕조'라고 불렸습니다. 카페 왕조는 직계로 약 300년간 지속되었고 그 방계인 발루아 왕조와 부르봉 왕조까지 포함하면 위그 카페의 혈통을 잇는 인물이 실제로 800년에 걸쳐 프랑스 왕으로 군림하게 됩니다.

명확한 건국 선언 등이 있었던 것은 아니지만 카페 왕조의 성립으로 서프랑크 왕국에서 '프랑스 왕국'으로의 이행이 이루어졌다고 해도 과언이 아닙니다. 그러나 성립된 카페 왕조의 권력은 강하지 않았습니다. 애당초 왕권은 약화해 있었고 서프랑크 왕국에는 영방 군주가 난립하고 있었습니다. 따지고 보면 로베르 가문도 영방 군주 중 하나로 왕까지 오른 것에 불과합니다. 대 위그 시대에 로베르 가문은 광활한 영토를 자랑했지만 카페 왕조가 시작될 당시 왕의 지배지는 파리를 중심으로 한 지역과 오를레앙에 한정되어 있었습니다.

왕이라고 하면 광활한 국토를 구석구석 지배하는 절대 권력자를 떠올리기 쉽지만 실제로 각 지역을 지배했던 사람은 영방 군주였습니다. 이 시대의 영방 군주가 왕에게 충성을 맹세하고 왕이 영방 군주를 보호해 주는 관계를 '봉건제'라고 부릅니다. 왕은 봉건제를 바탕으로 각 지역을 간접적으로 지배했던 것입니다. 카페 왕조가 시작됐을 때는 위그 카페를 왕으로 인정하지 않는 영방 군주도 있어 왕이긴 하지만 눈치가 보이는 부분이 있었습니다.

그런 상황에서 위그 카페는 즉위 반년 만에 아들 로베르(로베르 2세)를 공동 통치자로 즉위시키는 데 성공합니다. 이후 카페 왕조에서는 역대 왕들이 생전에 아들을 왕좌에 앉히는 것이 관습이 됐습니다.

카페 왕조 초기의 역대 왕들은 세력이 강하지는 않았지만 이렇게 왕위를 지키며 다가올 약진에 대비했다고 할 수 있습니다. 평균수명이 짧아 자녀가 성인이 되기도 쉽지 않았던 당시 카페 왕조에서는 직계 남자 후계자가 끊기지 않은 데다가 각각의 왕 모두 장수했습니다. 이는 '카페 왕조의 기적'이라고 불립니다.

015 십자군 원정

위그 카페부터 시작하여 6대째인 루이 7세는 즉위한 1137년 아키텐 공국의 후계자인 엘레오노르를 아내로 맞아 프랑스 남서부에 펼쳐진 광대한 아키텐 공국을 손에 넣습니다. 아버지인 루이 6세 시대까지 전반적인 발판을 마련한 카페 왕조는 드디어 국내뿐만 아니라 국제적으로도 존재감을 강화하려고 했습니다. 1147년 루이 7세는 프랑스 왕으로서는 처음으로 십자군 원정에 참여합니다.

십자군 원정은 1095년 로마 교황의 호소로 시작되었는데 동로마 제국(비잔틴 제국)의 약화로 이슬람교도들에게 시달리게 된 동방의 기독교도들을 구제하는 것을 목적으로 하고 있었습니다. 제1회 십자군 원정에는 프랑스의 많은 영방 군주가 참가했고 예루살렘 왕국 및 에데사 백국과 같은 십자군 국가가 건설되었습니다.

루이 7세 때 이슬람교도의 반격으로 에데사 백국을 잃으면서 제2회 십자군이 결성됩니다. 1147년 루이 7세는 만반의 준비를 하고 제2회 십자군에 참가합니다. 하지만 주요 참가자들의 손발이 맞지 않아 제2차 십자군은 실패로 끝납니다. 루이 7세는 성지 예루살렘으로 순례를 떠났지만 귀국할 수밖에 없었습니다.

루이 7세의 불운은 이것으로 끝이 아니었습니다. 엘레오노르와의 관계가 험악해져 양측은 1152년에 이혼합니다. 이 이혼으로 루이 7세는 모처럼 손에 넣은 아키텐 공국을 잃은 데다 엘레오노르가 앙주의 백작 앙리와 재혼하며 앙리를 앙주 백작과 아키텐 공작을 겸한 막강한 영방 군주로 만듭니다. 이 앙리가 훗날 잉글랜드 왕을 겸하여 루이 7세 앞을 가로막죠.

016 프랑스 왕을 섬기는 잉글랜드 왕

프랑스와 영국(당시 잉글랜드) 사이 오랜 다툼의 역사는 루이 7세와 앙주 백작 앙리가 살았던 시대에서 비롯됐다고 할 수 있습니다. 다만 다툼의 불씨는 훨씬 전인 카롤링거 왕조의 후반, 911년 롤로가 이끄는 바이킹이 노르망디 지방에 정착한 후 노르망디 공국이 탄생하며 생겨났습니다.

1066년, 카페 왕조 제4대 왕인 필리프 1세 시절 노르망디 공작 기욤이 잉글랜드를 침공, 당시 잉글랜드 왕을 쓰러뜨리고 즉위하여 잉글랜드 왕(윌리엄 1세)이 됩니다. 이를 노르만 콩퀘스트(노르만인의 정복)라고 부릅니다. 잉글랜드 왕이 됐다고 하여 윌리엄 1세가 노르망디 공국을 포기한 것은 아닙니다. 즉 윌리엄 1세는 잉글랜드 왕인 한편 프랑스 왕을 섬기는 노르망디 공작이기도 했습니다.

이 복잡한 관계는 세대를 거치면서도 계속됐고 잉글랜드에서 내란이 벌어진 결과, 윌리엄 1세의 피를 이어받은 앙주 백작 앙리가 헨리 2세로 잉글랜드 왕위에 오르게 됩니다. 헨리 2세가 창시한 잉글랜드의 왕조는 '앙주 왕조', 또는 앙주 가문의 문장인 식물 금작화(라틴어로 Planta Genista)의 이름을 딴 '플랜태저넷 왕조'라고 불립니다. 잉글랜드, 웨일스, 아일랜드와 같은 브리튼 제도 지역과 앙주, 노르망디, 아키텐 등 프랑스 내에 이르는 광대한 영지였기 때문에 '앙주 제국'이라고도 불립니다.

017　잉글랜드 내분에 개입

　루이 7세는 앙리(헨리 2세)의 약진을 그저 바라만 보고 있지 않았습니다. 1151년 앙리가 노르망디 공작의 지위와 앙주 백국을 이어받았을 때는 프랑스 왕인 자신에 대하여 신하의 예를 취하도록 했습니다.

프랑스 왕가와 잉글랜드 왕가

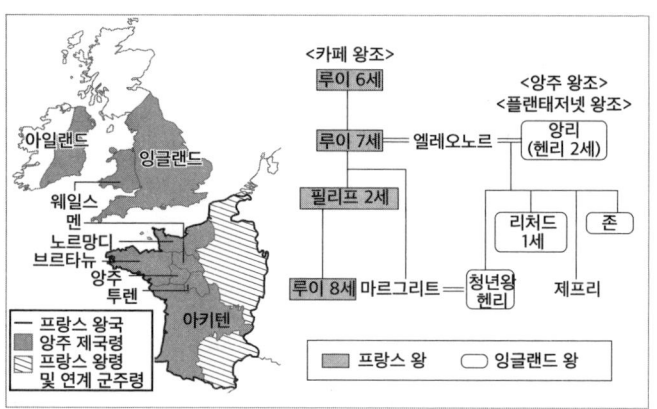

　1160년에는 루이 7세가 재혼하여 본 공주 마르그리트를 헨리 2세와 엘레오노르 사이에서 태어난 청년왕 헨리와 약혼시켰습니다. 이는 앙주 제국 후계자에 대한 발언권을 강화하는 것이 목적이었음을 쉽게 추측할 수 있습니다.

　1170년, 청년왕 헨리는 아버지의 공동 통치자로서 잉글랜드 왕에 즉위했습니다. 예정대로 마르그리트와의 결혼도 거행되어 루이

7세는 청년왕 헨리의 장인이 됩니다. 그로부터 얼마 후인 1173년, 잉글랜드에서 내분이 일어납니다. 헨리 2세가 청년왕 헨리의 상속령을 막내 존에게 주려 한 것이 원인이었습니다.

  루이 7세는 청년왕 헨리에 대한 지지를 표명했고 이는 앙주 가문과 주변의 영방 군주들을 끌어들인 싸움으로 발전합니다. 결과적으로 청년왕 헨리는 제압되고 헨리 2세의 실력이 새삼 확인됐지만 그래도 루이 7세는 헨리 2세를 충분히 괴롭혔고 앙주 제국과의 싸움을 통해 국제적 영향력을 강화했습니다.

018   사자심왕에게 고전하다

　　루이 7세가 1180년에 죽자 아들 필리프 2세가 앙주 제국과의 세력 다툼을 이어받습니다. 한편 앙주 가문에서는 헨리 2세와 내분을 벌였던 둘째 아들 청년왕 헨리가 1183년에 병사하고 넷째 아들 제프리(브르타뉴 공작 조프루아 2세)도 1186년에 사고사합니다. 그래서 셋째 아들 리처드(아키텐 공작 리샤르)가 왕위 계승자가 됐습니다.

　　그때 헨리 2세가 이번에는 리처드에게 아키텐 공국을 막내 존에게 물려줄 것을 요구했지만 리처드는 거절했습니다. 1188년에 필리프 2세가 프랑스 왕으로서 리처드를 지지하면서 내분으로 발전합니다.

　　이 내분은 리처드와 필리프 2세의 군대 그리고 헨리 2세와 존의 군대라는 대립 구도였는데 형세가 불리하게 보이자 존은 형 리처드와 필리프 2세 쪽으로 붙습니다. 그 충격 때문인지 헨리 2세는 1189년에 병사합니다. 그렇게 헨리 2세의 뒤를 이어 리처드가 잉글랜드 왕 리처드 1세로 즉위하면서 아키텐 공작과 노르망디 공작, 앙주 백작을 겸하게 됩니다.

　　1190년 필리프 2세는 제3회 십자군에 참가합니다. 1187년 전투에서 이슬람 왕조인 아이유브 왕조의 군주 살라딘에게 빼앗긴 성지 탈환이 목적이었고 리처드 1세와 신성 로마 황제 프리드리히 1세도 참여했습니다. 그러나 필리프 2세와 리처드 1세의 관계가 악화하고 나아가 내정 문제가 발생하기도 해 필리프 2세는 다음 해에

귀국합니다.

반면 사자심왕이라는 별명이 말해 주듯 용맹한 리처드 1세는 성지에 머물며 계속 싸웠습니다. 아주 좋은 기회가 왔다고 본 필리프 2세는 1193년 존을 부추겨 리처드 1세가 프랑스에 보유하고 있던 영지를 차례로 점령해 갑니다. 그런데 이듬해 리처드 1세가 귀환하면서 필리프 2세에 도전하죠. 1196년 휴전했을 때 필리프 2세는 빼앗은 영지를 거의 잃었습니다. 게다가 결혼으로 로마 가톨릭교회와의 관계가 악화하는 등 이 무렵은 필리프 2세에게 불우한 시기였습니다.

019 앙주 제국의 쇠락

1199년, 리처드 1세가 전투에서 입은 상처가 원인이 되어 사망합니다. 그 결과 존이 잉글랜드 왕 겸 아키텐 공작, 노르망디 공작 및 앙주 백작이 됐습니다. 리처드 1세와의 세력 다툼에서는 공동 전선을 펼치기도 했던 필리프 2세와 존이지만 프랑스 왕과 잉글랜드 왕이라는 관계가 되면 이야기가 달라집니다.

운이 좋게도 필리프 2세에게 존 왕은 리처드 1세와 달리 파고들 틈이 많은 왕이었습니다. 1202년 필리프 2세는 한 사건을 이유로 프랑스 왕으로서 신하인 존을 법정에 소환합니다. 그런데 존은 출정을 거부하죠. 이에 충성의 의무를 다하지 않았다는 이유로 프랑스에서 존 왕의 영토를 거의 몰수해 버립니다.

실책을 거듭하던 존 왕은 앙주 가문의 피를 잇는 신성 로마 황제 오토 4세, 그리고 필리프 2세에게 반항하던 프랑스의 영방 군주들과 손잡고 1214년 필리프 2세를 공격합니다. 이 싸움은 전쟁터의 지명을 따 부빈 전투라고 불립니다. 이를 필리프 2세와 왕태자 루이의 군대가 물리칩니다.

1216년, 존 왕도 실의에 빠져 사망하고 절대적인 세력을 자랑하던 앙주 제국은 대폭적인 세력 축소를 겪었습니다. 하지만 그 후에도 잉글랜드 왕은 아키텐 공작으로서 프랑스에 영지를 계속 보유합니다. 이것이 훗날 일어날 백년전쟁의 원인이 되죠.

020 프랑스 역사상 굴지의 명군

부빈 전투에서 승리한 필리프 2세의 치세는 절정기를 맞습니다. 재위 기간에 노르망디, 앙주, 툴렌, 오베르뉴, 푸아투, 아르투아, 베르망두와, 멘, 라 막슈 등을 차례로 획득하여 왕령은 즉위 당시와 비교하여 4배로 넓어졌습니다.

1215년에는 왕태자 루이를 알비주아 십자군에 파견합니다. 알비주아는 남프랑스 랑그도크 지방에 뿌리를 두고 있던 마니교의 영향을 강하게 받은 일파로, 이단으로 여겨졌으며 카타리파라는 별명을 갖고 있습니다. 교황의 요청으로 카타리파를 토벌하기 위한 십자군이 결성된 것이 1209년입니다. 프랑스 왕가도 부빈 전투가 끝나자 본격적으로 참전했습니다. 이 싸움을 통해 프랑스 왕가는 남프랑스에서의 영향력을 더욱 강화합니다.

왕령을 늘려 가는 한편, 필리프 2세는 행정 개혁에도 힘을 쏟았습니다. 필리프 1세의 치세에 설치된 왕령을 관리하는 관직 '프레보'와 더불어 왕이 임면권을 가지는 중간 관리 직급(북부의 '바이유', 남부의 '세네샬')이 신설되어 직접 지배 구조가 만들어졌습니다.

한편 당시 '코뮌'이라고 불리는 도시의 자치 운동이 고조됩니다. 상업이 활성화되면서 도시 주민들이 영방 군주로부터의 자립을 목표로 삼았던 것입니다. 필리프 2세는 그들에게 자치권을 보장하는 대신 충성을 맹세하게 했고 영방 군주에 상당하는 존재로 취급합니다. 특히 왕권에 대해 반항적인 영방에서 코뮌을 지지하는 시책이 추진됐습니다.

중앙에서는 통치 기구를 정비하기 시작했습니다. 11세기경에 성립된 국왕회의(쿠리아 레기스)가 12세기에 왕실을 담당하는 '국왕내정'과 국정을 담당하는 '국왕회의'로 나뉩니다. 13세기가 되자 국왕회의가 '중신회의'와 왕의 친족과 전문 관료로 구성된 '국왕고문회의', 사법기관인 '고등법원'으로 나뉘고 재정을 담당하는 회계감사원과 신분제 의회인 삼부회도 추가됩니다.

파리가 왕도王都로 정비된 것도 필리프 2세 때였습니다. 1180년에 '18학료'가 만들어졌고 대학도시의 초석이 마련됐습니다. 1183년에는 중앙시장(레 알)이 신설되고 1186년에는 거리가 돌로 포장됩니다. 1190년에는 전쟁 상태에 있던 잉글랜드의 침공에 대비해 높이 약 7m, 길이 약 5㎞에 이르는 파리 성벽이 건축되기 시작됐습니다. '필립 오귀스트의 성벽'으로 알려진 성벽입니다. 그 성벽 안쪽에 루브르 성채가 세워져 중요한 문서 등이 보관되게 됩니다. 훗날 루브르궁의 전신에 해당하는 건축물입니다.

그리하여 필리프 2세 시대에 프랑스 왕국은 크게 발전했습니다. 수많은 업적으로 필리프 2세는 프랑스 역사상 굴지의 명군으로 평가받으며 존엄왕(오귀스트)으로 불립니다.

021 신앙심이 깊은 왕

　1223년 필리프 2세가 죽자 아들 루이가 루이 8세로 즉위했습니다. 루이 8세는 카페 왕조에서 전왕의 사후에 즉위한 첫 왕입니다. 아버지 시대에 시작된 알비주아 십자군을 계속 진행하여 프랑스 남부에서의 왕가 영향력을 강화하지만 원정 중 병에 걸려 재위 3년 만에 목숨을 잃습니다.

　루이 8세의 뒤를 이어 1226년에 12세의 나이로 즉위한 이가 바로 그 아들인 루이 9세입니다. 루이 9세는 '성왕 루이(생 루이)'라고도 불리며 센강에 있는 생루이섬과 미국의 세인트루이스에 이름을 남겼습니다. 이 별명에서 상상할 수 있듯 기독교에 대한 신앙심이 두텁고 왕으로서는 유일하게 사후인 1297년 로마 가톨릭교회에 성인으로 등재된 인물입니다.

　불과 12세의 나이에 즉위하여 루이 9세 즉위 초에는 영방 군주들이 불온한 움직임을 보이지만 섭정을 맡은 어머니인 블랑쉬 드 카스티유의 도움도 있어 그럭저럭 이겨 냅니다. 1229년에 루이 9세는 카타리파를 토벌하고 할아버지인 필리프 2세 때부터 시작된 알비주아 십자군을 종결로 이끌었습니다.

　성장한 루이 9세는 먼저 프랑스 국내의 다양한 문제에 대처합니다. 그것들이 일단락된 1248년에는 제6회 십자군에 참가했습니다. 이슬람 세력에게 정복당한 예루살렘을 탈환하는 것이 목적이었죠. 그런데 이슬람 세력의 포로가 되는 등 고난의 연속으로 큰 성과를

루이 8세 이후의 프랑스 왕

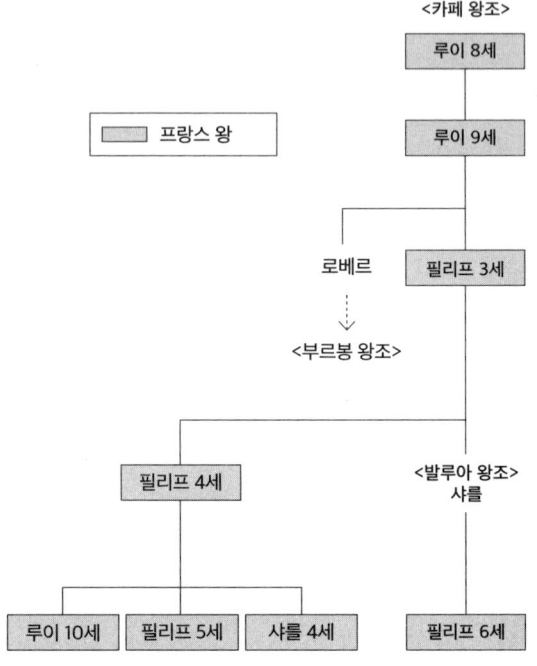

거두지 못한 채 1254년 귀국합니다. 이 십자군 원정을 계기로 루이 9세는 '성왕'이라는 별명에 걸맞은 존재가 되어갑니다.

　루이 9세는 검소한 생활을 하려 주의하고 교회와 수도원을 극진히 보호했습니다. 1257년에는 로베르 드 소르봉을 지원해 파리에 신학 연구를 위한 기숙사를 짓습니다. 이것이 유럽 최고의 대학 중 하나인 소르본 대학(현재 파리 제1대학)의 기원이 됩니다.

　외교면에서는 전쟁이 아니라 교섭에 의한 해결을 하고자 했습니다. 1258년에는 아라곤 왕 차이메 1세와 조약을 맺고 스페인 변경령 등의 종주권을 포기하는 대신 아라곤 왕의 남프랑스 영유권을 포기시켜 아라곤과 남프랑스의 연결 고리를 끊는 데 성공했습니다. 또, 같은 해 잉글랜드 왕과 파리조약을 맺어 잉글랜드 왕이 노르망디, 앙주 등에서 정식으로 손을 떼게 하고 대신 아키텐의 몇몇 토지를 반환했습니다. 신성 로마 황제를 지지하는 황제파와 교황을 지지하는 교황파의 분쟁이 일어났을 때는 그 중재를 부탁받는 등 국제적인 조정역으로서도 활약했습니다.

1270년 루이 9세는 제7차 십자군을 조직하고 다시 이슬람 세계를 공략하고자 지금의 튀니지에 도착했을 때 병에 걸려 그대로 생을 마감하게 됐습니다.

022 냉철한 왕의 정치 개혁

루이 9세의 뒤를 이은 아들 필리프 3세는 15년의 재위 기간 동안 왕권을 더욱 공고히 했습니다. 1285년에 즉위한 필리프 3세의 아들 필리프 4세도 필리프 2세, 루이 9세와 함께 거론되는 카페 왕조의 훌륭한 군주입니다.

필리프 4세 때 카페 왕조는 이미 많은 영토를 자랑하며 막강한 힘을 기르고 있었습니다. 필리프 4세는 왕권 강화에 집중했는데 이를 뒷받침해 준 것이 대학 등에서 전문적인 법률 지식을 익힌 '법률 고문(레지스트)'이라고 불리는 사람들입니다.

평화 노선을 취한 할아버지 루이 9세와 달리 필리프 4세는 차례로 전쟁을 일으킵니다. 당연히 전쟁 비용이 늘어났고 이를 조달하기 위한 타개책으로 성직자에 대해 과세를 하기로 결단합니다. 그런데 이것이 로마 교황 보니파시오 8세의 분노를 사게 됩니다. 1301년 필리프 4세가 반항적인 태도를 이유로 교황파 주교를 잡아 가두자 마침내 보니파시오 8세의 분노가 극에 달합니다.

교황과의 관계가 험악해지는 가운데 1302년 필리프 4세는 프랑스 전역의 대표자들을 파리 노트르담 대성당에 모아 교황과의 분쟁에 대해 의견을 교환합니다. 성직자(제1신분), 귀족(제2신분), 평민(제3신분) 등 세 신분의 대표가 한자리에 모였기 때문에 이 모임은 '삼부회'라고 불립니다. 삼부회는 이후 절대왕정기까지 단속적斷續的으로 열리게 됩니다.

한편, 이때 회장이었던 노트르담 대성당은 초기 고딕 양식을 대표하는 건물로 알려져 있습니다. 고딕 양식은 12세기 파리를 포함한 북프랑스에서 시작되어 16세기까지 유럽 건축 및 예술의 주류로 여겨졌습니다. 건축물에서는 높은 천장과 큰 창문, 스테인드글라스, 뾰족한 아치 등이 적용된 것이 특징입니다.

1302년 삼부회에서 국내의 지지를 얻어 이듬해 9월, 필리프 4세는 로마 근교의 아나니를 방문한 교황을 습격했습니다(아나니 사건). 교황은 곧 자유의 몸이 됐으나 너무 큰 충격을 받은 나머지 한 달 후에 사망합니다. 이후 교황이 된 베네딕토 11세는 필리프 4세를 두려워했는지 필리프 4세의 행실을 불문에 부쳤습니다. 베네딕토 11세 역시 재임 1년도 못가 급사합니다.

1305년에는 프랑스 출신으로 보르도 대주교였던 인물이 교황에 즉위해 클레멘스 5세가 됩니다. 당시 이탈리아에서는 교황파와 신성 로마 황제파의 대립이 격화되고 있었기에 1309년 교황청을 프랑스 남부의 도시 아비뇽으로 옮기는 것이 결정됐습니다. 이후 약 70년에 걸쳐 교황청은 아비뇽에 존재했고 교황은 프랑스 남부 출신들이 차지했습니다.

필리프 4세는 프랑스의 왕권을 강화하여 교황의 영향력을 봉쇄하는 것 이외에 또 하나의 큰 행동을 일으킵니다. 바로 템플 기사단의 해산입니다. 템플 기사단은 십자군 때 순례자 보호를 목적으로 창설된 교황 직속 단체입니다. 가톨릭교회의 후원자로서 막대한 자산을 쌓아 지금의 은행업과 같은 일을 하고 있었습니다. 루이 7세의 치세부터 프랑스의 국고를 맡게 되었고 필리프 4세 시대까

지 계속됐습니다.

그런데 1307년 필리프 4세는 이단 등의 이유로 단원을 체포할 것을 명했고 1310년에는 54명을 화형에 처합니다. 일설에 따르면 프랑스 왕국 측에서 회계감사원을 통하여 재무 운영을 장악하기 위해 템플 기사단이 처분된 것으로 알려져 있습니다. 그리고 1312년 템플 기사단은 해산됐습니다.

필리프 4세는 '미남왕'이라는 별명이 있었는데 그 아름다운 외모와는 달리 냉철함으로 왕정에 의한 통치 기구 강화에 힘썼습니다.

023 카페 왕조의 몰락

카페 왕조는 직계 남자 후계자가 끊이지 않았고 대부분 왕이 장수했습니다. 그야말로 '카페 왕조의 기적'이라는 말 그대로였죠. 그러나 필리프 4세의 뒤를 이은 아들 루이 10세부터는 상황이 달라집니다. 루이 10세와 첫 왕비 사이에는 여자아이밖에 태어나지 않았어요. 루이 10세가 죽었을 때 두 번째 왕비가 임신 중이었고 왕이 죽은 후 남자아이가 탄생하지만 불과 며칠 만에 사망하고 맙니다. 사실 프랑크 왕국 시대부터 프랑스에는 토지 및 왕위·작위는 남자만이 상속받는다는 규칙이 존재했습니다. 여왕의 존재나 여계의 왕위 계승을 부정하는 이 왕위계승법을 '살리카법'이라고 부릅니다. 살리카법에 따라 루이 10세의 왕녀는 후계자로 선택되지 못했습니다.

루이 10세의 후계자로 남동생인 푸아티에 백작 필리프가 필리프 5세로 즉위했습니다. 하지만 필리프 5세에게도 후계자는 생기지 않았습니다. 필리프 5세 다음으로는 그 동생인 라마르슈 백작 샤를이 샤를 4세로 즉위합니다. 이번에야말로 후계자를 볼 수 있을지 기대됐지만 샤를 4세도 후사 없이 세상을 떠나게 됩니다.

알면 알수록 재미있는 프랑스의 위인 ★ 3 ★

'유럽의 할머니'로 여겨지는 여걸, 엘레오노르

프랑스 왕비에서 잉글랜드 왕비로

엘레오노르는 파격적인 성격이었다고 합니다. 그녀는 첫 번째 남편인 프랑스 왕 루이 7세의 제2회 십자군에 동행했습니다. 그 후 성실한 성격의 루이 7세와 잘 맞지 않아 이혼하게 됩니다.

불과 2개월 후 앙주 백작 앙리와 재혼한 엘레오노르는 앙리가 헨리 2세로 왕위에 오르자 이번에는 잉글랜드 왕비가 됐습니다. 헨리 2세는 야심가로 엘레오노르와의 사이에서 낳은 자녀들을 정략결혼 시킵니다. 그들이 아이를 많이 낳아 엘레오노르의 피가 유럽 전역에 퍼졌다고 해서 '유럽의 할머니'라고 불리게 됐습니다.

헨리 2세가 죽은 뒤에는 전쟁을 일삼는 아들 리처드 1세를 대신해 섭정으로 나라를 지탱합니다. 리처드 1세가 적에게 붙잡히자 협상을 위해 70세가 넘는 몸으로 직접 타국에 건너가 아들을 해방하는 데 성공합니다.

Chapter 4

공격받고 공격하고

024 발루아 왕조가 시작되다

　1328년 샤를 4세가 죽었을 때, 루이 10세가 죽었을 때와 마찬가지로 왕비는 임신 중이었습니다. 출산을 기다리는 동안 발루아 백작 필리프가 섭정을 맡았습니다. 그런데 태어난 것은 여자아이였습니다. 역시 루이 10세 때와 마찬가지로 공주는 후계자가 될 수 없었습니다. 다음 왕을 뽑기 위해 중신회의가 열리고 섭정을 맡던 발루아 백작 필리프가 왕으로 뽑힙니다.

　필리프의 아버지인 샤를은 필리프 4세의 동생인데 친왕령(친왕이란 장남 이외의 왕자나 왕의 형제)으로 북부 발루아 지역을 부여받아 발루아 백작이 된 인물입니다. 필리프는 필리프 4세의 조카에 해당하여 카페 왕조의 피를 잇고 있었죠. 갑자기 왕위를 차지하게 된 발루아 백작 필리프는 역대 왕과 마찬가지로 랭스의 노트르담 대성당에서 대관식을 치르고 필리프 6세로 즉위했습니다. 이에 약 300년에 걸쳐 계속되어 온 카페 왕조의 직계 왕통은 끊어지고 '발루아 왕조'가 시작됩니다(64페이지의 표를 참조).

025 백년전쟁의 발발

발루아 백작 필리프가 프랑스 왕으로 즉위할 때 딴지를 건 인물이 있었습니다. 프랑스 왕가와 인연이 깊은 플랜태저넷 왕가(55페이지 참조) 출신인 잉글랜드 왕 에드워드 3세입니다. 에드워드 3세의 어머니인 이사벨은 필리프 4세의 딸이었고 에드워드 3세도 카페 왕조의 피를 이어받았습니다. 에드워드 3세는 자신에게도 프랑스 왕의 왕위 계승권이 있다고 주장했습니다. 하지만 결국 발루아 백작 필리프가 필리프 6세로 즉위했고 에드워드 3세는 아키텐 지방을 영유하는 기옌 대공으로서 필리프 6세에게 신하로서의 충성을 서약합니다.

그러나 문제는 그 뒤였습니다. 당시 야심가인 에드워드 3세가 스코틀랜드 왕국을 정복하려고 애쓰던 중 필리프 6세가 그 스코틀랜드를 공공연히 지원했던 것입니다. 또한 둘 사이에는 플란데런 지방(지금의 벨기에 서부를 중심으로 한 일대)을 둘러싼 문제도 있었습니다. 필리프 6세는 풍요로운 플란데런 지방의 지배를 꿈꾸고 있었는데 모직물 산업이 번성한 이 플란데런 지방은 원료인 양모를 잉글랜드 왕국에서 수입하고 있어 잉글랜드와 밀접한 관계에 있었습니다.

여러 요인이 얽히면서 둘의 관계는 계속해서 악화했고 1337년에는 에드워드 3세의 프랑스 영지 일부를 필리프 6세가 몰수하려 합니다. 분노한 에드워드 3세가 필리프 6세에 대한 신하로서의 충

백년전쟁 전후의 각 왕조

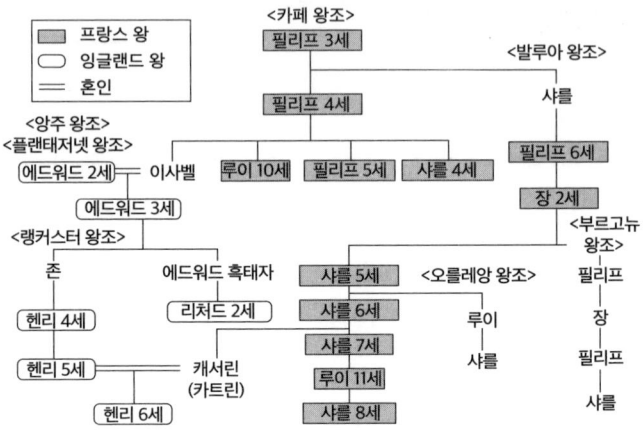

성 서약을 철회했고 프랑스의 왕위 계승자를 자칭하여 필리프 6세에게 도전장을 보냈습니다. 그리하여 프랑스를 무대로 한 필리프 6세와 에드워드 3세의 싸움이 1337년부터 시작됐습니다. 여기서 시작된 전쟁은 1453년까지 간헐적으로 약 100년간 계속되어 후에 '백년전쟁'이라고 불리게 됐습니다.

일진일퇴의 싸움이 계속되던 중, 1341년 브르타뉴 공작이 죽고 후계자 싸움이 일어나자 이 틈을 타 에드워드 3세는 브르타뉴에 군을 주둔시키는 데 성공합니다. 1346년에는 프랑스 북부에서의 싸움에서 에드워드 3세의 아들 에드워드 흑태자가 활약하여 잉글랜드군이 대승하기도 합니다. 프랑스 북부의 도시인 칼레가 잉글랜드의 손에 들어온 것이죠. 칼레는 그 후 1558년까지 잉글랜드령이 됩니다. 1350년에는 필리프 6세가 사망. 그 후 아들인 장 2세가 백년전쟁을 이어받습니다.

026　흑사병이 기승을 부리다

　이 시기에는 백년전쟁뿐만 아니라 다양한 위기가 프랑스를 강타합니다. 기후 악화 및 농작물 흉작으로 종종 기근이 발생했습니다. 1347년에는 중앙아시아에서 발생한 페스트의 일종인 흑사병이 유럽에 상륙했습니다. 흑사병은 프랑스에도 도달하여 대유행했고 당시 프랑스 인구 약 3분의 1의 목숨을 앗아간 것으로 알려져 있습니다.

　흑사병이 한창 유행하던 1356년, 싸움에서 패한 장 2세가 잉글랜드군의 포로가 되어 잉글랜드의 왕도인 런던 저택에 유폐되고 맙니다. 국왕이 붙잡힌 전대미문의 사태에 이어 전쟁, 기근, 역병으로 프랑스 국내가 황폐해지자 민중들 사이에는 불만이 확산했고 1358년 프랑스 북부를 중심으로 '자크리'라고 불리는 농민들의 대규모 반란(자크리의 난)이 일어났습니다. 이에 호응이라도 하듯 같은 해 파리 시장市長에 상당하는 파리 상인들의 우두머리인 에티엔 마르셀이 왕정 본연의 자세에 이의를 제기하며 반란(에티엔 마르셀의 난)을 일으킵니다.

027 왕태자 샤를의 활약

이 위기 상황에 용감히 맞선 것이 왕태자 샤를이었습니다. 왕태자 샤를은 아버지 장 2세가 런던에 유폐되어 있는 동안 국정을 맡아 자크리의 난과 에티엔 마르셀의 난을 진압합니다. 하지만 국내 반란을 잘 수습했다고 해도 잉글랜드군에 대한 열세는 바뀌지 않았습니다.

1360년 왕태자 샤를은 에드워드 3세와 브레티니 칼레 조약을 맺습니다. 이 조약에 따라 에드워드 3세는 브르타뉴와 플랑드르를 포기하는 대신 프랑스 남서부에 넓은 영지를 갖게 됩니다. 나아가 프랑스 왕에게 순종할 필요도 없어졌습니다. 반면, 프랑스 측은 많은 배상금을 잉글랜드에 지급해야 했습니다.

왕태자 샤를은 전쟁 비용과 배상금을 마련하기 위해 화폐를 개주改鑄하고 새로운 세금을 마련하는 등 다양한 재정 정책에 분주했습니다. 그중에서도 주목할 만한 것이 세제 개혁입니다. 왕태자 샤를은 나중에 프랑스 왕국을 지탱하게 될 세제를 도입합니다. 세대마다 과세하는 직접세인 '호별세(타이유)'와, 소비에 과세하는 간접세인 '소금세(가벨)'입니다. 이 세제 정책 때문에 왕태자 샤를은 후세에 '세금의 아버지'라고 불리고 있습니다.

그러나 이러한 노력에도 불구하고 왕태자 샤를은 배상금 전액을 지급할 수 없었습니다. 1364년, 장 2세는 유폐된 채 런던에서 사망하고 왕태자 샤를이 샤를 5세로 즉위합니다.

백년전쟁의 전반기에 프랑스가 일방적으로 잉글랜드에 당하고 만 있었던 것은 아닙니다. 1368년 에드워드 흑태자가 지난 조약에서 손에 넣은 영지에 불합리한 과세를 한 것을 계기로 샤를 5세는 재판을 통해 빼앗긴 영지의 대부분을 잉글랜드로부터 되찾는 데 성공했습니다. 1375년에는 브뤼헤 조약을 맺어 칼레, 보르도, 바욘을 제외하고 잉글랜드에 빼앗긴 땅의 상당 부분을 회복했습니다. 이렇게 해서 백년전쟁의 첫 국면이 종료됩니다.

028 집안싸움의 격화

    1380년 샤를 5세가 사망하자 아들 샤를이 불과 12세의 나이에 샤를 6세로 즉위했습니다. 그런데 샤를 6세는 뇌 신경 질환을 앓고 있었고 1392년에는 정신에 이상이 생겨 왕의 의무를 다하지 못하게 됩니다. 이를 기회로 세력 다툼에서 우뚝 선 유력자가 있었습니다. 바로 왕의 후견 역할을 한 부르고뉴 대공 장과 샤를 6세의 남동생인 오를레앙 공작 루이입니다.

    부르고뉴 가문은 1363년 샤를 5세의 남동생인 필리프가 친왕령으로 부르고뉴 지방을 차지하면서 시작됐습니다. 혼인을 통해 1384년에는 플랑드르 백작 영지도 손에 넣죠. 이 필리프의 자식이 바로 장입니다.

    한편 오를레앙 공작은 발루아 왕조의 창시자인 필리프 6세가 둘째 아들 필리프에게 하사한 작위였습니다. 그 후 샤를 5세도 같은 작위를 차남 루이에게 수여합니다. 이렇게 하여 오를레앙 공작의 작위는 왕태자에 이어 왕가의 남자에게 수여되는 프랑스 공작위 중 가장 격이 높은 것이 됐습니다. 원래 발루아 왕조를 창시한 필리프 6세도 발루아 백작이라는 카페 왕조의 방계 출신입니다.

    과거 영방 군주가 다수 존재하여 일국일성(國一城)의 주인으로서 각 지역을 다스리던 시대는 끝나가고 있었습니다. 하지만 국왕에게 전력을 제공한 귀족들의 영향력은 여전히 강했고 친왕령을 소유한 친왕은 왕에게 순종할 필요가 없었기 때문에 자립적인 경향을 보였으며 때로는 왕의 이익에 반하는 이기적인 행동을 취하기도 했습니다.

　부르고뉴 공작 필리프와 장 부자는 프랑스 동부와 북부로 세력을 넓혔고, 반면 오를레앙 공작 루이는 서부와 남부로 세력을 넓혔습니다. 두 가문이 충돌하는 것은 시간문제로 여겨지던 중 1407년 오를레앙 공작 루이가 부르고뉴파에게 암살당합니다. 루이의 아들 샤를이 오를레앙 공작을 잇자 그의 장인인 아르마냐크 백작을 중심으로 한 제후들이 그를 지지합니다. 이렇게 해서 부르고뉴파와 오를레앙 아르마냐크파라는 왕가의 방계끼리의 권력 다툼이 격화되어 갑니다. 백년전쟁이 일단락된 것도 잠시, 프랑스 국내는 내란의 양상을 보였는데 이에 잉글랜드가 관여한 것이 백년전쟁 제2의 국면입니다.

029 두 명의 왕

잉글랜드에서는 리처드 2세 때 앙주(플랜태저넷) 왕조가 끝나고 1399년부터 랭커스터 왕조가 시작됐습니다. 1415년 잉글랜드 왕 헨리 5세가 프랑스의 내란을 틈타 프랑스에 빼앗긴 땅의 반환과 프랑스 왕위를 요구하며 노르망디에 상륙합니다. 이에 아르마냐크파를 중심으로 한 프랑스군이 맞서 싸웠지만 대패했습니다.

1420년 전후의 프랑스

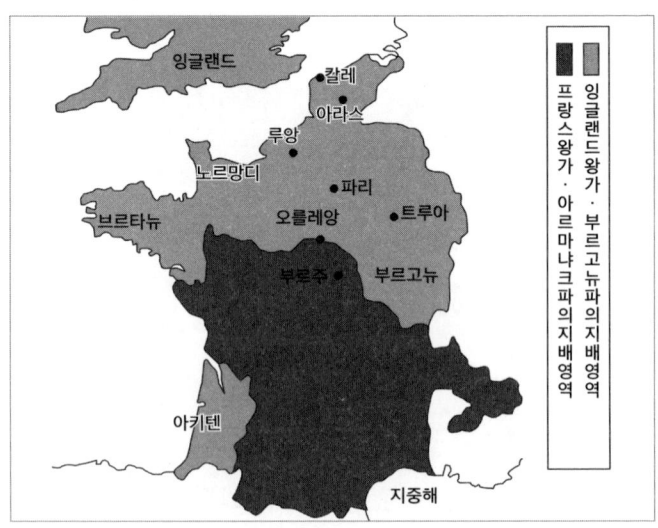

1417년 형들이 연이어 사망하면서 샤를 6세의 다섯째 아들인 샤를(후에 샤를 7세)에게 왕태자 칭호가 주어졌습니다. 이러한 가운데 잉글랜드군이 다시 쳐들어옵니다. 이를 기회로 부르고뉴파가 파리를 제압하고 실권을 잡자 왕태자 샤를은 중부의 도시 부르주로 도망갑니다.

  그러나 잉글랜드군의 기세를 위험하게 본 부르고뉴파는 잉글랜드군에 대항하기 위해 아르마냐크파와의 화해 회담을 마련하는데 그 자리에서 부르고뉴 공작 장이 암살당합니다. 장의 뒤를 이은 아들 부르고뉴 공작 필리프는 이것이 왕태자 샤를의 계략이라며 잉글랜드 왕과 손을 잡았고 1420년에 프랑스 왕가는 헨리 5세와 트루아 조약을 맺습니다. 헨리 5세가 샤를 6세의 딸 캐서린(카트린)과 결혼하여 샤를 6세의 사후에 프랑스 왕위를 계승한다는 내용입니다. 이 약정은 삼부회에서도 승인됩니다.

  1422년에는 헨리 5세와 샤를 6세가 연달아 죽습니다. 그 결과, 트루아 조약에 따라 헨리 5세의 아들로 태어난 지 약 10개월밖에 되지 않은 잉글랜드 왕 헨리 6세가 프랑스 왕을 겸합니다. 그리고 헨리 6세의 삼촌인 베드포드 공작이 섭정을 맡아 루아르강 이북의 프랑스 땅을 지배했습니다.

  한편 그 무렵 트루아 조약으로 왕위 계승권을 상실한 것으로 알려진 왕태자 샤를은 아르마냐크파의 지원으로 루아르강 이남의 프랑스 땅을 지배하고 있었습니다. 샤를 6세가 사망하자 샤를 7세로 즉위할 것을 선언하지만 부르고뉴파는 이를 인정하지 않습니다. 그러던 와중 1428년 아르마냐크파의 요지인 오를레앙이 부르고뉴파와 잉글랜드군에 포위되면서 샤를 7세는 위기를 맞게 됩니다.

030 전쟁의 판국을 뒤바꾼 소녀

1429년 어느 날 한 소녀가 샤를 7세를 찾아옵니다. 신의 심부름꾼이라고 칭하는 소녀는 오를레앙을 해방시키고 샤를 7세를 성별^{聖別}토록 하라는 신의 명령을 받았다고 말합니다. 이 인물이 바로 '오를레앙의 처녀'라는 호칭으로 알려진 잔 다르크입니다. 잔은 샤를 7세에게서 인수받은 군의 사기를 고양시켜 오를레앙을 해방으로 이끌고 잉글랜드군을 물리칩니다.

이후 샤를 7세는 잔의 요청으로 랭스에서 대관식을 치르고 정식으로 프랑스 국왕이 됐습니다. 잔의 개입이 계기가 되어 샤를 7세의 진영은 기세를 회복하게 됩니다.

잔은 구국의 영웅이 되었지만 그 최후는 비참했습니다. 1430년의 전쟁에서 부르고뉴군의 포로가 되어 잉글랜드군의 손에 넘어갔고, 이듬해인 1431년에는 이단 혐의로 종교재판에 회부되어 프랑스 북서부 도시 루앙의 광장에서 화형을 당했습니다.

잔이 널리 알려지게 된 것은 사실 19세기 중반 이후의 일입니다. 그 업적으로 인해 나라를 수호한 인물로 신격화되어 1920년에 로마 가톨릭교회에 의해 성인에 포함됐습니다.

031 백년전쟁이 끝나고

잔이 처형된 후에도 아르마냐크파는 우세를 유지했습니다. 1435년에는 그때까지 적대 관계에 있던 부르고뉴파와 아라스의 조약을 맺고 화해합니다. 샤를 7세는 잉글랜드군에 대한 공세를 강화해 1436년에는 파리를 되찾았습니다. 이후에도 계속 승리하여 1453년 카스티용 전투에서 승리함으로써 1339년에 시작된 백년전쟁이 종결됐습니다. 프랑스군은 대륙에서 잉글랜드군을 몰아냈고 프랑스의 잉글랜드령은 칼레만이 남게 됩니다.

더구나 1455년에는 플랜태저넷 가문의 방계인 랭커스터 가문과 요크 가문 간의 다툼이 내란으로 발전했기 때문에 잉글랜드는 프랑스에서 계속 싸울 여력이 남아 있지 않았고 이후 본격적으로 프랑스를 쳐들어가는 일은 없었습니다. 백년전쟁을 끝내고 잉글랜드의 위협을 물리친 프랑스 왕가에게 다음으로 맞서야 할 존재는 부르고뉴 공국이었습니다.

1461년 샤를 7세가 죽자 아들 루이(루이 11세)가 즉위합니다. 루이 11세는 부르고뉴 공국에 대한 공세를 강화하고 1477년 전투에서 부르고뉴 공작 샤를을 물리칩니다. 부르고뉴 공작 샤를에게는 남자 후계자가 없어 딸 마리가 뒤를 잇습니다. 루이 11세는 마리에게 영토를 내놓을 것을 요구하지만 같은 해 마리는 명문 합스부르크가의 막시밀리안 1세(훗날 신성 로마 황제)와 결혼합니다. 그리고 루이 11세의 아들인 샤를 8세가 1493년에 맺은 막시밀리안 1세와의 조약에 따라 부르고뉴 지방은 프랑스령이 되었고 부르고뉴 공국은 해체되었습니다. 다른 한편으로 루이 11세는 남아 있던 영방 군주령을 자신의 것으로 하기 위해 움직였고 앙주, 멘, 프로방스를 국왕령에 추가합니다.

더욱이 샤를 8세는 1491년에 브르타뉴 공국의 여공작 안과 결혼하여 브르타뉴 공국의 영유를 목표로 삼았습니다. 그러나 샤를 8세는 몇 년 후에 죽었기 때문에 브르타뉴 공국은 존속했습니다. 그 후, 안의 딸 클로드가 (이후 왕위를 이어받게 되는) 프랑수아 1세와 결혼했고, 클로드가 죽은 뒤인 1532년 브르타뉴 공국은 국왕령에 병합됐습니다.

백년전쟁을 거치면서 영방 군주령이 해소되기 시작했고 프랑스의 왕권은 강화되지만 군사력을 갖춘 귀족들이 소유 영지의 지배를 기반으로 휘두르는 실질적인 권력은 줄어들지 않았습니다. 그런 가운데 카페 왕조 후기에 시작된 통치 기구와 샤를 5세 시대부터 형성된 세제도 전개되어 프랑스 왕국은 조금씩 근대 국가를 향한 행보를 보이게 됩니다.

032 이탈리아에 대한 야심

　루이 11세가 1483년에 죽고 그 뒤를 이은 샤를 8세는 나폴리 왕국의 왕위 계승권을 주장하며 1494년 3만 명의 군대를 거느리고 이탈리아 원정을 떠납니다. 이 원정을 계기로 50년 이상에 걸친 '이탈리아 전쟁'이 시작됐습니다.

15~16세기의 왕가

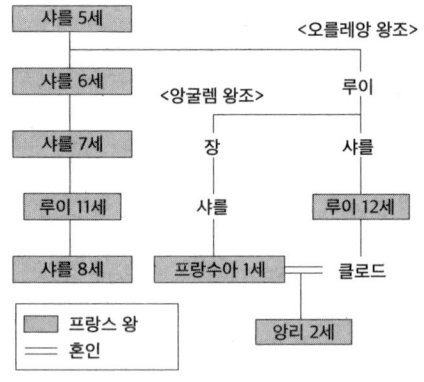

　당시 이탈리아는 여러 소국이 난립해 있었는데 특히 강한 세력을 자랑했던 것이 밀라노 공국, 베네치아 공화국, 피렌체 공화국, 교황령 국가, 그리고 나폴리 왕국 등 5곳이었습니다. 이 중 나폴리 왕국에서 13세기에 왕위에 있던 인물의 피를 이어받은 자신에게도 왕위 계승권이 있다는 주장 아래 샤를 8세는 전쟁을 벌였습니다. 단, 이 주장은 억지였고 세력을 확대하고 싶었던 마음도 물론 있었지만 지중해 무역으로 얻을 수 있는 부, 전성기의 르네상스(고전 문화의 부흥 운동)에 대한 동경도 있었다고 합니다.

용병부대를 중심으로 한 프랑스군은 강력했고 1495년에는 어렵지 않게 나폴리 왕국을 점령합니다. 그런데 이탈리아 제국이 동맹을 결성해 반격을 개시합니다. 프랑스군은 같은 해 철수를 피할 수 없게 됩니다. 귀국한 샤를 8세는 후계자 없이 1498년에 사망합니다. 그래서 샤를 6세의 남동생 루이로부터 시작된 방계인 오를레앙 가문의 루이가 왕위를 이어받아 루이 12세로 즉위했습니다.

루이 12세의 할머니는 밀라노 공작인 비스콘티 가문 출신이었습니다. 그런 사정도 있어 루이 12세는 나폴리 왕국과 밀라노 공국의 계승을 주장하며 1499년에 출병합니다. 먼저 밀라노 공국을, 그 다음 나폴리 왕국을 점령하지만 역시 교황을 중심으로 한 동맹 세력의 저항에 부딪혀 이탈리아의 지배는 이루어지지 않았습니다. 루이 12세도 후사 없이 1515년에 죽자 오를레앙 가문과 마찬가지로 방계인 앙굴렘 가문의 프랑수아가 프랑수아 1세로 즉위하게 됩니다. 프랑수아 1세 또한 즉위하자마자 이탈리아로 출정하여 1516년에는 밀라노 공국을 점령하는 데 성공했습니다.

033 이탈리아를 둘러싼 싸움

1519년 신성 로마 황제 막시밀리안 1세가 사망합니다. 신성 로마 황제는 핏줄로 결정되는 것이 아니라 7명의 선제후(신성 로마 황제의 선거권을 가진 7명의 유력한 제후)가 뽑는 선출직이었습니다. 당연히 다음 황제를 뽑는 선거가 치러지게 되는데 무려 이 선거에 프랑수아 1세가 입후보합니다. 하지만 결과는 패배였죠.

합스부르크가 출신의 스페인 왕 카를로스 1세가 선거에서 뽑혀 신성 로마 황제(카를 5세)로도 즉위했습니다. 이렇게 동과 서 사이에 프랑스가 끼게 됐고 프랑수아 1세는 무슨 일이 있어도 이탈리아를 누르고 싶었습니다.

1521년 프랑스와 신성 로마 제국 사이에 이탈리아를 둘러싼 싸움이 시작됩니다. 교황 레오 10세는 카를 5세와 손잡고 프랑스 지배하의 밀라노 공국을 공격, 밀라노 공국을 함락시킵니다. 1525년 전투에서는 전선에 나가 있던 프랑수아 1세가 제국군의 포로가 되어 스페인의 왕도인 마드리드에 유폐됩니다. 그 후 자유의 몸이 되기 위해 밀라노와 나폴리, 나아가 부르고뉴와 플랑드르에서의 권리 포기를 포함한 조약을 맺습니다.

그런데 귀국한 프랑수아 1세는 조약의 무효를 표명했고 이번에는 교황이 이탈리아 제국과 손잡고 1527년에 다시 싸움이 시작됩니다. 수렁에 빠진 이탈리아 전쟁에 종지부가 찍힌 것은 프랑수아 1세의 아들 앙리 2세 시대였습니다. 1547년 왕에 즉위하여 아버지의 유지를 이어받은 앙리 2세는 카를 5세를 상대로 싸움을 계속합니다. 그러나 1556년 카를 5세는 퇴위를 결심했고 신성 로마 황제의 자리를 카를 5세의 남동생인 페르디난트 1세가, 스페인 왕위는 카를 5세의 아들인 펠리페 2세가 이어받으면서 스페인과 신성 로마 제국은 갈라졌습니다.

오랫동안 이어진 전쟁의 부담이 가중됨에 따라 1559년 프랑스와 스페인, 그리고 당시 프랑스 편에 섰던 잉글랜드 간에 카토 캉브레지 조약이 맺어집니다. 그 결과, 프랑스는 이탈리아에서의 권리를 완전히 포기하는 한편, 프랑스 북부의 여러 도시, 잉글랜드가 소유하고 있던 칼레를 되찾습니다. 그리고 평화 조약의 근거로 앙리 2세의 딸인 엘리자베트와 펠리페 2세가 결혼했습니다.

034 르네상스가 가져온 것

　이탈리아 전쟁의 시대, 전쟁터가 된 이탈리아는 르네상스의 절정이었습니다. 고대 로마 제국의 발상지일 뿐만 아니라 지중해 무역으로 상업이 번창해 1453년에 멸망한 동로마 제국으로부터 뛰어난 학자나 문화인이 차례차례 이탈리아로 이주하면서 당시의 이탈리아는 문화·예술의 중심지가 되고 있었습니다.
　샤를 8세는 이탈리아 원정의 전리품으로 대량의 미술품을 가지고 돌아왔습니다. 특히 이탈리아 르네상스에 감명을 받은 사람이 프랑수아 1세입니다. 1516년에는 이탈리아 미술의 거장 레오나르도 다빈치를 프랑스 중부 앙부아즈성 근처의 성으로 초대했습니다. 다빈치는 사망할 때까지 3년을 그 땅에서 보냈습니다.
　또한 프랑수아 1세는 르네상스 양식의 건축물을 많이 만듭니다. 파리 교외의 퐁텐블로 궁전을 개조할 때는 로소 피오렌티노를 비

롯한 이탈리아인 예술가들을 대거 초청했습니다. 이 이탈리아인들과 함께 일했던 프랑스인 예술가는 퐁텐블로파라고 불립니다. 이렇게 이탈리아 르네상스 양식이 정착된 프랑스에서는 이후, 그 영향을 흡수한 독자적인 고전주의 예술이 꽃피게 됩니다.

프랑수아 1세의 문화적 공적은 이뿐만이 아닙니다. 1530년에는 오늘날의 콜레주 드 프랑스라고 하는 특별 고등 교육기관의 전신이 되는 '왕립 교수단(콜레주 루아얄)'을 창설합니다. 이는 연구자 단체로 연구의 성과를 시민에게 환원한다고 하는 교육적 측면도 있었습니다. 또한 1539년에는 '빌레르코트레 칙령'을 반포하여 공문서에는 라틴어가 아닌 프랑스어를 사용하도록 의무화했습니다. 프랑스어에 정통성을 부여하고 프랑스어 문화를 풍요롭게 하는 데 매우 중요한 일이었습니다.

035 교회보다 국왕의 권력이 우선

프랑수아 1세가 이탈리아 전쟁에서 손에 넣은 것은 문화 사업뿐만이 아닙니다. 왕권 강화라는 관점에서 보면 1516년 교황 레오 10세와 맺은 '볼로냐 정교 협약(볼로냐 콩고르다툼)'이 중요합니다. 이는 대주교나 주교, 수도원장과 같은 프랑스 내 고위 성직자의 임명권은 프랑스 국왕이 갖는다는 것을 확인한 것이죠.

카페 왕조 후기인 필리프 4세의 치세로 거슬러 올라가면 프랑스 왕은 교황보다 우위에 서고자 아나니 사건으로 대표되는 동요를 유발합니다. 이는 1309년부터 1377년까지 교황청이 로마가 아닌 아비뇽에 위치하는 사태로도 발전했습니다.

1377년 교황 그레고리오 11세가 로마로 귀환함으로써 약 70년간 이어진 아비뇽의 교황청은 끝을 맞이했지만 교회의 이탈리아 귀환에 반대하는 프랑스인 추기경(교황 다음의 고위 성직자) 등이 아비뇽에 다른 교황을 임명합니다. 이렇게 해서 로마와 아비뇽에 각각 교황이 있는 '교회의 대분열(시스마)'이라고 하는 상태가 약 40년간에 걸쳐서 계속됐습니다.

이러한 일련의 사건들은 교황의 영향력 저하를 상징했습니다. 1438년에는 샤를 7세가 프랑스 교회에 대한 국왕의 우위를 주장하는 국사 조칙을 발포하기도 했습니다. 그리고 1516년 볼로냐 정교 협약에 따라 프랑스 국내에서는 로마 가톨릭의 수장인 교황에 대해서까지 프랑스 국왕이 우위에 있음이 드러났습니다. 이처럼 프랑스 국왕의 권력이 교회에 우선한다는 사고방식을 '국가교회주의(갈리아주의)'라고 부릅니다.

로마 교황에 대해 우위에 선 프랑수아 1세는 교회 조직을 이용해 통치 체제를 정비합니다. 1539년 빌레르코트레 칙령에서는 공문서에서의 프랑스어 사용뿐만 아니라 각 교구의 사제들이 교구 부책에 세례와 사망 기록을 남기고 주민들을 관리하도록 의무화했습니다.

036 가톨릭과 프로테스탄트의 대립

카토 캉브레지 조약이 체결된 1559년, 앙리 2세는 불의의 사고로 사망합니다. 뒤를 이은 아들 프랑수아 2세는 재위 17개월 만에 사망하고, 1561년에 프랑수아 2세의 남동생인 샤를 9세가 뒤를 이었지만 불과 10살밖에 되지 않아 어머니 카트린 드 메디시스가 섭정을 담당했습니다(98페이지 표 참조).

샤를 9세가 즉위할 당시 왕을 섬기는 귀족들은 '(로마)가톨릭'과 '프로테스탄트'로 나뉘어 대립하고 있었습니다. 프로테스탄트는 16세기 초 현재의 독일, 당시 신성 로마 제국 작센에서 태어난 종교가인 마르틴 루터 등을 비롯해 로마 가톨릭교회를 비판하는 사람들에 의해 성립된 기독교 종파입니다. 프로테스탄트라는 명칭은 이를 지지한 독일 제후가 가톨릭의 수호자를 자처한 신성 로마 황제의 정치에 대해 '항의^{protest}'한 데서 유래합니다.

1517년 루터는 가톨릭교회가 대성당 재건을 명목으로 면죄부(구매하면 죗값이 경감된다는 증명서)를 판매한 것 등을 비판하며 '95개조의 반박문'을 발표합니다. 이것이 물의를 일으켜 1521년 루터는 교황으로부터 파문당합니다. 반면 루터는 성경을 독일어로 번역하고 신자들은 성경 그 자체로 돌아가야 한다는 생각에 따라 루터파를 일으켰습니다.

1555년 아우크스부르크의 종교화의$^{Peace\ of\ Augsburg}$에서 루터파의 신앙이 작센 선제후를 비롯한 신성 로마 제국의 루터파 제후들로부터 인정받습니다. 그 배경에는 신성 로마 황제가 권세의 유지를 위해 루터교 제후들을 무시할 수 없었던 점이 있었습니다. 그만큼 개신교의 기세는 강했죠.

　루터보다는 다소 늦었지만 프랑스에도 장 칼뱅이라는 종교가가 등장합니다. 칼뱅은 스위스 제네바를 중심으로 종교개혁을 하여 프랑스 사람들에게도 큰 영향을 줬습니다. 칼뱅파(개혁파) 사람들은 로마 가톨릭교회 측으로부터 '위그노'라고 불렸습니다. 위그노가 '동맹'을 뜻하는 독일어에서 유래했다는 등 그 어원에 대해서는 여러 설이 있습니다. 위그노 또한 프로테스탄트입니다. 샤를 9세가 즉위한 시대에는 프랑스 국내에서도 칼뱅파를 중심으로 한 프로테스탄트가 수를 늘리면서 가톨릭과의 긴장이 고조되고 있었습니다.

037 축일에 일어난 참극

이윽고 가톨릭과 개신교의 긴장 상태가 정점에 달합니다. 1562년 3월 가톨릭 세력의 대표인 기즈 공작 일파가 일요 예배에 모여 있던 위그노를 학살합니다. 이에 대한 보복이라는 듯이 이듬해에는 기즈 공작이 위그노에게 암살당하죠. 이 사건을 계기로 프랑스는 '위그노 전쟁'이라고 불리는 30년 이상의 내란에 돌입합니다.

가톨릭과 위그노의 대립은 귀족 간의 권력 다툼과도 복잡하게 얽혀 있었습니다. 샤를 9세의 섭정이었던 카트린 드 메디시스는 이러한 상황을 우려했습니다. 그래서 위그노파의 리더인 나바라 왕 앙리와, 샤를 9세의 여동생이자 가톨릭이었던 마르그리트를 결혼시켜 두 파의 융화 분위기를 연출합니다. 나바라 왕국은 프랑스와 스페인 사이에 9세기부터 존재했던 왕국으로 이 시대에는 부르봉 가문의 앙리가 통치하고 있었습니다. 1589년 앙리가 프랑스 왕으로 즉위한 후에는 프랑스 왕국에 병합됩니다.

그러나 1572년 8월 22일 앙리와 마르그리트의 결혼식이 열린 며칠 후, 위그노파의 중심인물인 콜리니 제독의 암살 미수 사건이 발생하면서 위그노는 샤를 9세에게 진상 규명을 요구합니다. 그리고 이틀 후 24일, 성 바르톨로메오의 축일에 가톨릭에 의한 위그노 학살이 일어납니다(성 바르톨로메오의 학살). 학살은 지방으로도 확산했고 일설에 따르면 몇 개월 만에 파리에서 3천 명, 프랑스 전역에서 수만 명이나 되는 위그노가 살해됐습니다.

038 세 앙리에 의한 싸움

위그노 전쟁이 한창이던 1574년 샤를 9세가 사망합니다. 그 뒤를 이은 사람은 샤를 9세의 남동생인 앙리 3세입니다. 국왕이 된 앙리 3세는 가톨릭 신도였으며, 부르봉 가문의 앙리와 결혼한 마르그리트의 오빠이기도 합니다.

성 바르톨로메오의 학살 이후 가톨릭과 위그노 간에는 긴장이 고조되기만 했습니다. 게다가 가톨릭 국가인 스페인이나 루터파 세력이 강한 신성 로마 제국의 제후 등 국외의 세력도 프랑스에 침투하기 시작했습니다. 이런 상황에서 앙리 3세는 가톨릭이면서도 다른 나라로부터 프랑스를 지키기 위해 위그노와 공존해야 한다는 '폴리틱파'의 주장으로 기울고 있었습니다. 이러한 정책을 취하는

데 방해가 되었던 것이 가톨릭의 '강경파'입니다. 그 대표적 인물이 위그노 전쟁의 계기를 제공한 기즈 공작의 후사 앙리였습니다.

이리하여 폴리틱파의 프랑스 왕인 앙리 3세와 가톨릭 강경파인 기즈 공작 앙리, 위그노파의 나바라 왕인 부르봉가의 앙리, 이 세 명의 '앙리'에 의한 삼파전 구도가 생깁니다. 동명인 세 사람은 위그노 전쟁의 종반인 1585년부터 1589년까지 '세 앙리의 전쟁Guerre des trois-Henri'이라는 전쟁을 벌입니다.

1576년 앙리 3세는 '볼리외 칙령'을 선포하고 파리 성벽 내외에서 개신교의 공적 예배를 허용했으며 위그노의 안전을 보장하는 8개 도시를 지정했습니다. 위그노에게 호의적인 이 왕령이 마음에 들지 않았던 강경파는 기즈 공작 앙리를 중심으로 파리에서 '가톨릭 동맹'을 결성해 반위그노 운동을 전개합니다.

세 앙리의 관계

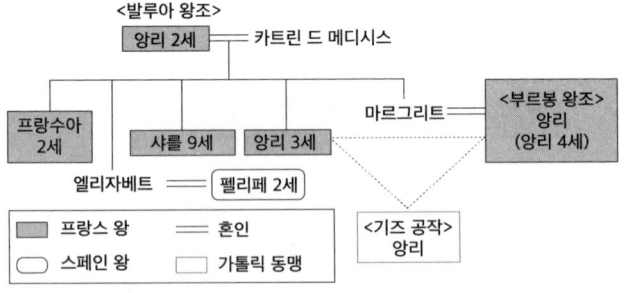

기즈 공작이 파리 시민들의 지지를 얻는 등 세력을 확장하는 것을 경계한 앙리 3세는 1588년 12월 기즈 공작 앙리를 암살합니다. 그러자 1589년 8월 이번에는 앙리 3세가 광적인 가톨릭 수도사에

게 암살당합니다. 앙리 3세에게는 후사가 없었기 때문에 이 일로 약 250년에 걸쳐 이어져 온 발루아 왕조는 막을 내립니다.

앙리 3세를 이어 프랑스 왕으로 즉위하게 된 것은 세 명의 앙리 중 유일하게 살아남은 나바라 왕, 부르봉 가문의 앙리였습니다. 프랑수아 1세의 누나인 마르그리트의 손자에 해당하며 핏줄로 치면 발루아 왕조로도, 카페 왕조로도 이어집니다. 1589년 8월, 앙리는 앙리 4세로 즉위했습니다. 이렇게 하여 '부르봉 왕조'가 시작됩니다.

039 주권 국가의 확립으로

　백년전쟁과 이탈리아 전쟁을 거치면서 프랑스 국내에 국왕령뿐만 아니라 친왕령과 영방 군주령, 잉글랜드령이 함께 존재하는 상황은 대부분 사라졌습니다. 또한 전쟁이 길어지고 규모도 커지면서 군사비를 확보할 필요가 생겨 징세 제도와 정치 기구에 대한 정비도 추진됐죠. 전쟁을 통해 영토를 얻거나 잃는 과정에서 국경이 명확해지고 국경선으로 둘러싸인 '영역 국가'로서의 프랑스가 형성됩니다. 대외적으로 인정된 국경선에 둘러싸인 영역이 있고 그 영역을 대표하는 인물이 있는 국가는 '주권 국가'라고 불려 근대 국가의 원형이 되어 갑니다.

　그러던 중 프랑스 법학자 장 보댕이 《국가론》을 출간하여 국가 주권의 절대성을 주장하며 이를 이끌 사람은 왕뿐이라는 '왕권신수설'로도 이어지는 사고방식을 제시했습니다. 이러한 이론이 뒷받침되어 부르봉 왕조 시기의 프랑스에서는 중앙집권화가 추구되었고, 훗날 루이 14세로 대표되는 '절대왕정' 시대를 맞이하게 됩니다.

알면 알수록 재미있는
프랑스의 위인 ★ 4 ★

근대 외과학의 아버지, 파레

4대에 걸친 프랑스 왕의 외과 의사로 근무하다

의학이 발달하지 않았던 시절, 칼을 다루는 이발사가 종종 외과 의사를 겸했습니다. 파레도 그중 하나였습니다. 1537년 이탈리아 전쟁에 종군했을 때는 많은 부상자를 치료하면서 스스로 고안한 연고를 환부에 바르는 치료로 명성을 높입니다. 또한, 혈관의 지혈에 관한 새로운 방법을 전파하여 1582년에는 《대외과학전집》을 발표하는 등 '근대 외과학의 아버지'로 칭해지기에 적합한 공적을 쌓아 갑니다.

그의 실력은 많은 기대를 받아 앙리 2세 시절부터 궁정의 외과 의사가 되었고 샤를 9세의 왕실 외과의장을 지내는 등 4대에 걸쳐 프랑스 왕을 담당하게 됩니다. '노스트라다무스의 예언'을 쓴 것으로 알려진 미셸 드 노트르담 또한 파레와 같은 시기에 의사이자 점성술사로서 궁정에 출입했습니다.

Chapter 5

부르봉가의 영화

040 가톨릭으로 개종

　가톨릭과 위그노(프로테스탄트) 사이에 오랫동안 이어진 위그노 전쟁은 프랑스의 왕위 계승 문제도 엮여 혼란을 겪게 됩니다. 그러던 중 발루아 왕조의 앙리 3세로부터 왕위를 계승한 부르봉 가문의 나바라 왕 앙리가 앙리 4세로 1589년에 즉위하면서 '부르봉 왕조'가 시작됩니다.
　하지만 왕위계승법에 기반을 둔 앙리 4세가 즉위한다고 하여 혼란이 가라앉지는 않았습니다. 가톨릭 동맹은 앙리 4세를 왕으로 인정하지 않았을뿐더러 앙리 4세의 삼촌을 왕으로 옹립하지만 1590년에 죽고 맙니다. 그럼에도 불구하고 앙리 4세를 왕으로 인정하고 싶지 않았던 가톨릭 동맹은 스페인 국왕 펠리페 2세의 제안을 받아들여 그의 딸을 프랑스 왕으로 삼는 것까지 삼부회를 열어 검토합니다.
　가톨릭 중에서도 문제가 원만하게 해결되기를 바라는 온건파는 앙리 4세가 가톨릭으로 개종했으면 좋겠다고 생각했습니다. 앙리 4세도 자신이 프로테스탄트인 한 혼란은 수습할 수 없다고 가톨릭으로의 개종을 결단했고 1593년에 개종합니다. 그러자 그때까지 앙리 4세를 왕으로 인정하지 않았던 귀족들이 속속 앙리 4세를 따르게 되면서 가톨릭 동맹의 세력은 약화해 갔습니다.

041 대외 전쟁으로 일치단결

해체되던 가톨릭 동맹이지만 완전히 없어진 것은 아닙니다. 게다가 가톨릭 세력의 중심이라고 자부하는 펠리페 2세가 프랑스 가톨릭 세력에 군사력과 자금을 제공해 프로테스탄트 세력과 싸우도록 했습니다. 이 사태를 심각하게 본 앙리 4세는 1595년 스페인에 선전포고합니다. 이때 앙리 4세에게는 국내 가톨릭 귀족이 스페인과 내통하는 배신자로 여겨지지 않도록 자신의 편이 될 것이라는 생각이 있었습니다. 또한 국내 프로테스탄트들에 대해 가톨릭으로 개종한 후에도 자신은 프랑스의 국왕이며 스페인이 하라는 대로 하는 것은 아니라는 강한 자세를 보여 주는 것이기도 했습니다. 이렇게 해서 프랑스 국내는 앙리 4세의 통치하에 일치단결합니다. 1595년에는 가톨릭 동맹의 최고지도자였던 마이엔 공작이 앙리 4세와 화해합니다.

그 후 가톨릭 동맹과의 싸움은 앙리 4세에게 유리하게 전개됐고 1598년에는 끝까지 저항하던 귀족들도 마음을 돌려 앙리의 편이 되면서 가톨릭 동맹은 붕괴했습니다. 그러한 의미에서 앙리 4세는 명실상부한 프랑스 국왕이 됐다고 할 수 있습니다. 앙리 4세는 스페인과의 전쟁과 동시에 국내 프로테스탄트에 대한 대응도 모색합니다. 자신이 가톨릭으로 개종하면서 프로테스탄트들이 느끼게 될 불안감을 불식시켜 안심시킬 필요가 있다고 생각한 것입니다.

이에 앙리 4세는 1598년 4월에 '낭트 칙령'을 반포합니다. 집단이 되지 않는다, 거점을 마련하지 않는다 등 제한은 있지만 프로테스탄트에게도 신앙과 예배의 자유, 공직에 종사하는 것 등을 인정하는 내용이었습니다. 가톨릭 세력은 칙령에 난색을 표했지만 앙리 4세는 '가톨릭과 위그노로 구별하는 것이 아니라 모두 좋은 프랑스인이 되기 위해 노력해야 할 때'라고 타이르며 인정하게 했다고 합니다.

큰 종교 대립을 극복한 프랑스를 이길 수 없다고 본 스페인은 프랑스와의 전쟁에서 손을 뗍니다. 1598년 5월에 조약이 체결됐고 스페인과 프랑스의 전쟁은 종결되죠. 동시에 30년 이상 계속된 위그노 전쟁은 사실상 끝을 맞이했습니다.

042 국력 회복에 힘쓰다

전란이 겨우 진정됐지만 프랑스의 국력은 쇠퇴하고 있어 국가 재건이 시급했습니다. 앙리 4세가 먼저 한 일은 각 지방에서 고용됐던 병사들을 국군으로 끌어들이는 것이었습니다. 이는 반란의 싹이 되는 각지의 불온한 움직임을 봉쇄함과 동시에 국왕의 군사력을 강화하기도 했습니다.

다음은 경제 회복이었습니다. 앙리 4세는 국왕고문회의를 소집하여 피폐해진 농촌을 회복시키기 위해 손을 씁니다. 국내 경제를 살리기 위해서는 농업의 회복이 중요하다고 생각했기 때문이죠. 구체적으로는 농민으로부터 빚을 거두어들이기 위해 가축이나 농기구 등을 압류하는 행위를 금지합니다. 게다가 직접세인 호별세(타이유)를 감세하여 농민의 부담을 줄였습니다. 다행히 17세기 초 10년 동안은 기아도 없었고 농업도 상당 부분 부활했습니다.

한편, 소금 구매에 드는 간접세인 소금세(가벨)를 인상합니다. 소금은 신분이 높은 사람일수록 더 많이 사용하는 경향이 있어 귀족이나 성직자 등 타이유로 세금을 부과할 수 없는 특권 계급에게 징세하는 수단으로 삼았습니다. 징세도 엄격히 관리하여 모은 세금을 사유화하던 지방 관리를 해임하고 징세가 제대로 이뤄지는지 감시하는 등 지방 관리의 특권을 박탈했습니다.

또한, '매관제'도 부활시킵니다. 귀족들 사이에서 관습이 됐던 관직의 매매를 국가가 제도화해 관직을 팔기 시작함으로써 새로운 재원으로 삼는 구조입니다. 그 결과, 관직을 사는 부유한 시민 계급(부르주아지)이 나타납니다. 이들 중 고위 관직에 올라 새로 귀족이 된 사람들은 '법복 귀족'으로 불리며 프랑스 정치에 크게 관여하게 됩니다.

파리의 마을 정비도 진행됐습니다. 시내를 흐르는 센강에 있는 시테섬에 새로운 석조 다리를 만들어 '퐁네프'라고 이름 붙인 것도 그중 하나입니다. 프랑스어로 '퐁'이 다리, '네프'가 새롭다는 뜻으로 현재 센강에 있는 다리로는 가장 오래된 다리입니다.

이외에도 루브르궁전을 개축하고 왕태자 루이의 탄생을 기념하여 조영한 광장을 '루아얄 광장(왕의 광장)'(현재의 보주 광장)이라고 이름 짓습니다. 새로운 건축물은 왕의 권력을 알리기 위함이기도 했습니다.

국내가 안정되자 앙리 4세는 해외 진출을 적극적으로 추진합니다. 지리학자이자 탐험가이기도 한 샹플랭에게 북미 대륙을 탐험하도록 했고 1608년에는 북미 대륙의 북동부에 퀘벡 식민지가 건설됩니다. 그리고 이에 앞서 아시아 진출을 노려 1604년에는 프랑스 동인도 회사를 설립했습니다. 그러나 이 특허 회사는 곧바로 휴면 상태가 되었기에 재건 후 실제로 활동을 시작한 것은 1년 이상 지나서였습니다.

043 선량왕이 죽은 후의 혼란

프랑스를 살리기 위해 다양한 시책을 펼친 앙리 4세는 서민들을 중심으로 '선량왕'이라고 불릴 정도로 큰 인기를 누렸습니다. 그러나 1610년 5월 14일 앙리 4세가 이동을 위해 마차를 탔다가 가톨릭 교도에게 단도로 가슴을 찔려 숨을 거두게 됩니다.

급사한 앙리 4세의 뒤를 이은 것은 앙리 4세와 왕비 마리 드 메디시스 사이에서 태어난 루이 13세였습니다. 이때 루이 13세는 겨우 9살로 정치를 할 수 없었기에 어머니 마리 드 메디시스가 섭정으로 루이 13세를 보좌합니다. 섭정이 된 마리 드 메디시스는 재상이었던 쉴리를 해임하고 그 대신 오래전부터 자신을 수행한 신하

콘치니를 등용하는 등 국정을 마음대로 움직이려고 했습니다.

이러한 가운데 루이 13세와 스페인 공주 안느 도트리슈와의 정략결혼이 계획됩니다. 열성적인 가톨릭이었던 마리 드 메디시스는 가톨릭 국가인 스페인의 공주를 루이 13세의 왕비로 맞이함으로써 친가톨릭 정책으로 방향을 전환하려 했습니다. 이 결혼은 가톨릭과 프로테스탄트가 대립하지 않도록 마음을 쓴 앙리 4세의 방침을 뒤집는 것이었으며 프로테스탄트의 유력 귀족들이 반발합니다. 심지어 가톨릭 귀족들까지도 마리 드 메디시스와 콘치니가 국정을 쥐고 이익과 권리를 독점하고 있다며 불만을 터뜨립니다.

유력 귀족의 불만을 억제하기 위해 마리 드 메디시스는 삼부회 소집을 약속합니다. 1614년에 삼부회는 열리지만 기존 세력인 '대검 귀족(대대로 무관의 관직을 해 온 귀족)'과 신흥 세력인 '법복 귀족'의 대립이 드러났을 뿐이었습니다. 그런 삼부회에서 당당히 연설하고 마리 드 메디시스의 눈에 띈 인물이 있습니다. 바로 주교 리슐리외입니다. 그 후 리슐리외는 발탁되어 국정에 종사하게 됩니다.

044 어머니와 아들의 갈등

루이 13세가 성년이 된 후에도 마리 드 메디시스가 권력을 놓지 않자 두 사람 사이에는 갈등의 골이 생깁니다. 1617년, 루이 13세는 심복들과 공모해 콘치니 일파를 숙청했고 이어서 마리 드 메디시스와 리슐리외를 궁정에서 추방했습니다.

실권을 잡은 루이 13세는 총애하던 귀족인 뤼네 공작을 실질적인 재상으로 등용합니다. 그런데 뤼네 공작은 국정에 적합하지 않은 인물이었고 행정 능력이 부족했습니다. 점차 궁궐 안팎으로 불만의 목소리가 가득해졌고 유력 귀족들은 봉기합니다. 반란군에 마리 드 메디시스도 합류하죠. 충돌을 우려한 뤼네 공작은 루이 13세와 마리 드 메디시스의 중개역으로 리슐리외를 보냈고 두 사람은 화해했습니다.

그러나 국정 복귀를 인정받지 못한 마리 드 메디시스는 불만을 품은 귀족들과 함께 다시 무장봉기합니다. 이때 국왕군과 반란군 사이에 전투가 벌어지는데 여기서도 조정에 들어간 리슐리외의 활약으로 양측은 창을 거둡니다.

그 후 왕가의 친스페인 정책과 위그노에 대한 규제 강화 등에 반발하여 1621년에 프로테스탄트가 봉기하는데 이 싸움 중에 뤼네 공작이 병사합니다. 측근을 잃은 루이 13세는 마리 드 메디시스와 화해하고, 추기경이 됐던 리슐리외를 국무회의 멤버로 들입니다. 1624년의 일이었습니다.

루이 13세 치세에서 재상 리슐리외가 맡은 역할은 매우 컸습니다. 국내 개혁을 추진하고 왕권을 강화하는 것을 목표로 한 것입니다. 이를 위해서라면 종파 차이는 그다음 문제였죠. 예를 들면, 국내 프로테스탄트의 본거지를 제압하기보다 전쟁 중인 스웨덴 왕국, 덴마크 왕국, 신성 로마 제국 내 프로테스탄트 세력에 자금을 제공해 합스부르크가의 타도를 도모했습니다.

 이러한 리슐리외의 방침으로 방대한 전쟁비가 들어 중세가 거듭됩니다. 그래도 돈이 부족하자 더 확실하게 세금을 징수하기 위해 국왕의 직할 관료인 앵탕당(지방 장관)을 각 지방에 파견합니다. 또한 앵탕당의 권한을 확충하여 징세뿐만 아니라 사법, 치안 유지, 군 감시 등도 맡게 함으로써 원래 지방 총독 관직을 갖고 있던 귀족들과 권력의 이중 구조가 생겨났습니다.

앵탕당을 통해 왕의 권력이 자신들의 영지에 미치고 특권을 침해당하게 된 귀족들은 불만을 터뜨렸습니다. 왜냐하면 프랑스 귀족들은 '영지는 나의 것이다'라는 의식(가산 의식)이 매우 강했기 때문이죠. 이 강한 가산 의식이 원인이 되어 중앙집권을 추진하는 국왕 측과 충돌하고 후에 반란으로 발전합니다.

045 종교보다 국익을 선택하다

리슐리외가 프랑스 내에서 강권을 휘두르던 시기, 신성 로마 제국 내에서는 가톨릭과 프로테스탄트 영방 군주 간에 종교 전쟁이 벌어지고 있었습니다. 30년 전쟁(1618~1648)으로 불리는 이 싸움은 신성 로마 제국 내에서 그치지 않고 스페인 및 스웨덴 등 주변국이 뒤엉키는 국제 전쟁으로 발전합니다.

국내에선 가톨릭적 성격을 강하게 내세웠던 프랑스가 30년 전쟁에서는 가톨릭인 신성 로마 황제군을 지원하는 것이 아니라 프로테스탄트 측에서 전쟁에 개입하고 있던 스웨덴에 자금을 제공한 이유는 앞서 설명한 바와 같습니다. 합스부르크가가 지배하는 스페인령 네덜란드나 북이탈리아로의 진출을 노리고 있었기 때문입

부르봉가의 가계 ①

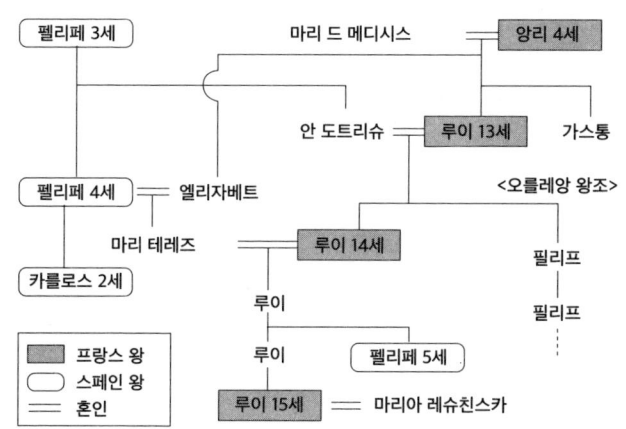

니다. 1635년, 스웨덴 등과 함께 프랑스는 가톨릭 국가인 스페인에 선전포고합니다. 이로써 프랑스-스페인 전쟁이 시작됩니다.

가톨릭 국가와 싸우기로 한 이유는 부르봉가의 군주가 다스리는 프랑스가 합스부르크가 출신 군주가 다스리는 신성 로마 제국과 스페인이라는 두 강대국에 끼어 있었기 때문입니다. 즉, 합스부르크가의 위협을 어떻게 제거하는지가 프랑스의 중요한 과제였다고 할 수 있습니다. 종전처럼 종교를 통해 국가를 통합하는 것은 어렵다고 본 리슐리외는 국가의 외교 정책을 결정할 때 종교를 주된 판단 기준으로 두지 않았습니다. 이처럼 국가의 존속 및 이익이 종교나 도덕, 윤리 규범 등보다 우선된다는 생각을 '국가 이성(레종데타)'이라고 합니다.

절대왕정에서는 권력을 이어받는 존재, 즉 후계자가 매우 중요합니다. 그런데 스페인 왕가에서 14세에 시집을 와 왕비가 된 안 도트리슈와 루이 13세 부부의 사이는 냉랭했고 둘 사이에 오랫동안 아이가 태어나지 않았습니다. 이대로 아이가 태어나지 않으면 루이 13세의 동생인 오를레앙 공작 가스통에게 왕위가 넘어가게 되는 상황이었습니다. 리슐리외는 종종 정부나 자신에게 맞서는 가스통을 좋게 평가하지 않았기에 루이 13세에게 안과의 화해를 촉구하는 등의 노력을 했습니다. 그 결과 1638년, 20년 이상 아이를 낳지 못한 두 사람 사이에서 대망의 첫 아이가 태어납니다. 그 아이가 바로 훗날 루이 14세입니다.

후계자 문제는 왕만의 고민이 아니었습니다. 병에 걸린 리슐리외는 자신의 여생이 그리 길지 않다는 것을 알고 있었습니다. 그래서 교황의 특사로 이탈리아에서 와 프랑스로 귀화한 마자랭을 자신의 후계자로 등용합니다. 그리고 1642년 리슐리외는 숨을 거둡니다. 리슐리외가 사망한 지 몇 달 후, 그 뒤를 따르듯이 루이 13세도 숨을 거둡니다.

046 재정난이 불러온 반란

루이 13세의 뒤를 이은 것은 겨우 4살인 루이 14세였습니다. 섭정에는 어머니 안, 재상에는 마자랭, 왕국 총대리관에는 가스통이 각각 취임했습니다. 마자랭은 루이 13세 치세부터 이어지던 신성 로마 제국 및 스페인 즉, 합스부르크가와의 전쟁(30년 전쟁)을 계속합니다. 이 무렵의 프랑스는 전쟁의 장기화 등으로 재정난이 심각해져 증세를 거듭하며 견디고 있었습니다. 그럼에도 불구하고 마자랭은 새로운 증세를 왕령으로 선포하려 했습니다. 이에 대해, 법령을 승인할 권한을 가진 고등법원은 더는 농민의 부담을 늘릴 수 없다며 거부했습니다. 그러자 그렇게 나온다면 이쪽도 다 생각이 있다는 듯 마자랭은 관직 보유자의 봉급(급여)을 4년간 정지한다고 발표합니다. 당연히 고등법원을 비롯한 중앙 부처에 속한 관직 보유자들은 반발했고 반대로 국왕의 직할 관료인 앵탕당의 폐지와 감세를 요구합니다.

1648년 사태를 해결하고자 마자랭은 관직 보유자의 핵심 인물인 브루셀을 체포하겠다는 강경책을 내놨습니다. 그러자 증세에 반대하던 파리 시민들이 봉기하죠. 시내에 짐수레나 통, 포석 등을 쌓아 전투태세를 취하는 등 정세는 긴박했습니다. 참고로 프랑스어로 큰 통을 바릭barrique이라고 하는데 바리케이드barricade라는 말이 바로 여기에서 유래했습니다.

마침 이 반란이 일어난 1648년에 베스트팔렌 조약이 맺어져 30

년 전쟁이 종결됩니다. 신성 로마 제국은 많은 영방 국가로 분열되어 힘을 잃은 반면, 프랑스는 알자스 지방의 대부분을 손에 넣고 국경선을 동쪽으로 크게 넓힙니다. 다만, 동쪽의 불안이 없어졌다고 해도 남서쪽에는 스페인이 프랑스를 위협하는 존재로 여전히 남아 있었습니다.

이 베스트팔렌 조약이 체결되자 반란의 무대가 된 파리에서 루이 14세를 비롯한 중요 인물들이 교외로 피난했고, 전쟁터에서 돌아온 병사들이 파리를 포위했습니다. 보급로가 끊긴 반란군 측은 약 3개월 만에 정부 측에 굴복했습니다. 1648년부터 1649년까지의 이 반란은 '고등법원의 프롱드'라고 불립니다. 하지만 이것으로 귀족이나 시민 정부의 분노가 가라앉은 것은 아닙니다.

047 연이은 반란 이후의 왕권 강화

반란 진압 1년 후인 1650년, 마자랭과 대립하게 된 것을 계기로 콩데 공작이 체포되어 감금됩니다. 콩데 공작은 부르봉 왕조의 방계 귀족으로 앞선 반란에서 파리의 포위를 지휘했던 인물입니다. 이를 안 콩데 공작의 누이들이 각지의 귀족들에게 봉기를 촉구하자 귀족들을 비롯해 고등법원 관리들과 파리 시민들까지 호응하여 전국에서 반란이 일어납니다.

게다가 30년 전쟁에서 공로가 있었던 튀렌도 반란군 편에 섰고, 가스통은 국무회의 참석을 거부하고 반反마자랭을 선언했습니다. 궁지에 몰린 정부는 콩데 공작을 해방했습니다. 그 후 마자랭은 외국으로 나가 태세를 다시 세울 수밖에 없게 됐습니다.

그러나 결국 반란 세력인 귀족과 시민의 목적 및 원하는 바가 제각각이었기 때문에 정권을 뒤집을 정도의 반란으로는 발전하지 않았고 나아가 튀렌이 정부 측으로 돌아서면서 반란은 수습됩니다. 1652년에는 루이 14세 등 중요 인물들이, 이듬해에는 마자랭이 파리로 귀환한 지 얼마 지나지 않아 '귀족의 프롱드'라고 불리는 반란은 끝이 났습니다. 고등법원의 프롱드와 귀족의 프롱드를 합쳐 '프롱드의 난'이라고 부릅니다. 후에 루이 14세가 파리를 떠나 교외의 베르사유에 궁전(베르사유 궁전)을 세운 것은 프롱드의 난 때 성난 민중이 루이 14세의 방까지 들어온 것이 트라우마가 되었기 때문이라고도 여겨집니다.

같은 시기 잉글랜드 왕국(영국)에서는 청교도 혁명이 일어나 왕정이 무너지고 일시적으로 공화국이 성립되어 정치 체제는 혼란스러웠습니다. 반면, 프랑스는 프롱드의 난을 겪으면서 오히려 왕권이 강화되고 루이 14세 아래 중앙집권체제가 추구되어 갔죠.

048 친정을 시작하다

30년 전쟁이 한창이던 1635년에 전쟁을 시작하여 30년 전쟁이 끝난 후에도 계속되었던 프랑스-스페인 전쟁은 1659년에 피레네 조약이 체결되어 프랑스의 승리로 끝났습니다. 프랑스는 이 조약으로 스페인으로부터 프랑스 북부의 아르투아와 남부의 루시용을 획득하고 피레네산맥의 봉우리를 따라 국경선을 확정 짓습니다.

또한 조약을 체결하는 조건으로 스페인 공주 마리 테레즈를 루이 14세의 왕비로 맞이하게 됐습니다. 이는 마자랭이 계획한 정략결혼이었습니다. 이 시기 스페인 국왕에게는 왕위를 이을 남자가 없는 데다 여성의 왕위 계승이 인정되고 있어 만약 마리 테레즈가 왕위를 계승하게 되면 스페인을 프랑스에 병합할 수도 있었기 때문입니다. 그러나 병합될 것을 우려한 스페인은 마리 테레즈의 왕위 계승권을 포기시키는 것을 결혼 조건으로 했기에 프랑스는 그 조건을 따르는 대신 스페인이 지참금을 지급하도록 하는 약속을 했습니다.

루이 14세와 마리 테레즈가 결혼한 이듬해, 1661년 마자랭은 사망합니다. 22세의 청년이 된 루이 14세는 재상직을 폐지하고 재무경인 푸케, 육군경인 르텔리에, 외교관(훗날 외무경)인 리온을 불러 국무회의를 개편했고 스스로 최고국무회의의 주재가 됐습니다. 최고국무회의에 소집된 세 사람은 모두 법복 귀족입니다. 루이 14세는 친족이나 대귀족 등은 정치적 판단에 방해가 된다고 생각해 최고국무회의 멤버에서는 제외했습니다. 이렇게 행정권, 외교권, 통수권을 쥔 루이 14세의 친정이 시작됩니다.

　루이 14세에 의한 친정은 국가의 주권을 가진 국왕에게 권력이 집중되는 정치 체제 '절대왕정'으로 잘 알려져 있습니다. 왕이 파견한 지방 장관(앵탕당)에 의한 통제와 지배가 진행된 것이 절대왕정으로 불리는 요인 중 하나입니다. 하지만 지방 총독(제후)이 여전히 존재했기에 지배의 이중 구조는 계속되고 있었습니다. 루이 14세라고 해도 기존의 지배 구조를 쉽게 바꿀 수는 없었던 것입니다. 또한 각지에서 징수하는 세율도 제후의 합의에 따라 결정했습니다. 즉, 절대주의라는 표현에서 상상되는 만큼의 절대적인 권력은 없었다고 할 수 있습니다.

　루이 14세가 강력한 권력을 갖고 정치를 했다는 근거 중 하나로 '왕권신수설'이 있습니다. 국왕의 권한은 신이 부여한 신성한 것이라는 의미로, 절대왕정기 국왕이 자신의 정통성을 주장할 때 이용한 정치 이념입니다. '짐이 곧 국가다'는 루이 14세가 한 말로 유명하지만 실제로 그런 발언을 했는지는 알려지지 않았습니다. 다만 루이 14세의 정치 자세를 잘 나타낸 말이라고 할 수 있습니다.

049 대륙 최강의 군사력

당시 프랑스군은 전쟁이 일어났을 때만 소집됐는데 귀족들이 이 소집에 응하여 병사들을 모아 출동하는 구조였습니다. 하지만 이러면 지휘 계통이 분명하지 않을 뿐만 아니라 프롱드의 난처럼 귀족들이 자신들을 위해 군대를 움직일 우려도 있었습니다. 그래서 르텔리에 부자의 주도 아래 군제 개혁이 진행됩니다.

우선 지휘 계통을 확립하기 위해 국왕이 직접 임명하는 사관의 수를 늘렸습니다. 나아가 '민병제'를 도입합니다. 이는 각 교구(촌락)에 할당된 인원수만큼의 민병대를 소집하여 군대로 동원하는 제도입니다. 후대 징병제의 선구적 형태라고 할 수 있습니다.

15세기 말 프랑스 국왕이 동원할 수 있는 병력은 4만~4만 5천 명 정도였지만 군제 개혁 이후 동원할 수 있는 병력은 40만 명, 18세기 초에는 일설에 따르면 60만 명에 달했다고 합니다. 이 때문에 유럽 대륙에서 프랑스군은 최강으로 꼽혔습니다. 다만 국왕이 동원하는 병사 중에는 용병이 많이 포함되어 있었기 때문에 군사비는 막대해져 재정을 압박해 갑니다.

일설로는 루이 14세는 막강한 군사력과 '자연 국경설'을 바탕으로 여러 나라에 전쟁을 걸었다고 합니다. 자연 국경설이란 산이나 강과 같은 자연 지형을 국경 위치로 한다는 개념입니다. 남쪽은 피레네산맥, 북쪽은 도버 해협, 남동쪽은 알프스산맥, 그리고 북동쪽은 라인강까지가 프랑스의 영토가 돼야 할 땅이라는 것입니다.

루이 14세 치세의 전쟁

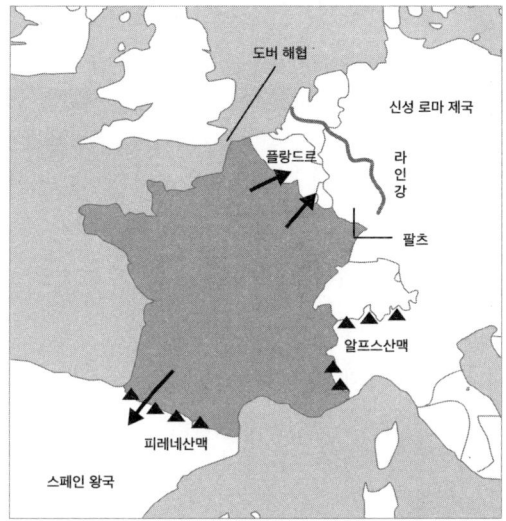

　1665년에 스페인 국왕 펠리페 4세가 사망하자 루이 14세는 아내인 왕비 마리 테레즈가 펠리페 4세의 딸인 점을 들어 당시 스페인령이었던 남네덜란드의 상속·영유를 주장했습니다. 이는 1667년 네덜란드 연방 공화국(네덜란드)과의 전쟁(남네덜란드 계승 전쟁 또는 플랑드르 전쟁)으로 이어졌습니다. 전쟁의 결과로 얼마 안 되는 영토밖에 얻지 못한 루이 14세는 1672년에 이번에는 네덜란드와의 사이에서 전쟁(네덜란드 전쟁)을 시작합니다. 그러나 이 전쟁에서도 네덜란드의 영토를 확보하지는 못했습니다.

050 중상주의 중심의 재정 정책

막상 친정을 시작했지만 국가 재정에 대해 강력한 권한을 갖고 성장하는 재무경 푸케를 루이 14세는 마음에 들어 하지 않습니다. 이런 루이 14세의 마음을 푸케의 부하 콜베르가 공략해 푸케의 부정에 관한 증거를 제출했고 푸케는 체포됩니다.

실각한 푸케를 대신해 재무총감(재무대신에 상당)이라는 지위에 오른 콜베르가 국가 재정의 재건을 추진합니다. 국내 산업을 보호, 육성하기 위해 수입품에 높은 관세를 부과하고 외국 제품을 국내 시장에서 퇴출합니다. 나아가 국영 공장을 설치해 모직물이나 견직물, 레이스나 융단, 유리 제품을 대량 생산해 국외에 수출했습니다.

해외 식민지의 경영에도 주목하여 북미 대륙의 미시시피강 유역을 개발시킵니다. 이 식민지는 루이 14세의 이름을 따서 '루이지애나'로 명명되었다고 합니다. 인도 아대륙이나 아프리카 대륙 등에도 진출합니다. 이러한 상업 중시의 정책을 중상주의라고 부르며 콜베르의 이름을 따 콜베르티즘(콜베르주의)이라고도 합니다.

051 후세에 전해진 궁정 문화

콜베르는 문화에 대한 이해가 있는 인물이기도 했습니다. 세련된 프랑스어를 국어로서 확립할 목적으로 리슐리외가 설립한 학술기관 '아카데미 프랑세즈'를 지원했습니다. 아카데미 프랑세즈는 지금에 이르기까지 프랑스어 사전의 편찬을 사명으로 삼고 있고 1694년에는 최초의 사전이 루이 14세에게 헌상됐습니다.

1666년에는 콜베르의 조언으로 왕립 과학 아카데미가 창설됐고 1648년에 창설됐던 예술(회화·조각) 아카데미는 콜베르 산하에서 1663년에 개혁됐으며 1669년에는 음악 아카데미도 설립됐습니다. 이들로 대표되는 학문 및 예술 국립기관은 현재도 학술 단체로서 존속하고 있습니다. 루이 14세 자신도 예술에 조예가 깊었는데 '태양왕'이라고 불리게 된 계기는 발레에서 태양신 아폴론을 직접 연기했기 때문이라고 합니다.

루이 14세가 만든 가장 큰 건축물은 베르사유 궁전입니다. 본디 파리 교외인 베르사유에는 사냥을 위한 작은 성관城館 밖에 없었고 숲과 습지가 펼쳐져 있었습니다. 그래서 대규모 토목 공사를 실시해 멀리서 생활용수를 끌어왔고 궁궐과 정원 공사에는 일류 건축가와 예술가들이 총동원되어 웅장한 건물이 완성됐습니다. 1661년에 조영을 시작해서 1682년 베르사유로 궁전을 옮겼습니다.

궁전에서는 왕이 숙식을 했는데 마음에 드는 귀족에게는 특별히 궁궐 안에 방을 주어 산책에 동행하거나 식사에 동석하는 것을 허용했습니다. 또한 식사 및 왕과의 만남 등에는 엄격한 예의범절이 정해져 있어 귀족들도 지켜야 했습니다. 이러한 궁중 문화는 훗날 프랑스 요리와 식사 예절로 현대에도 이어지고 있죠.

베르사유 궁전 주변에는 왕의 총애를 받아 특권을 얻고자 귀족들이 모여들어 마을이 형성됐습니다. 루이 14세는 귀족들을 경쟁시켜 공명심과 출세욕을 컨트롤하고 길들임으로써 귀족들의 반란을 예방했다고도 합니다.

루이 14세가 문화정책에 힘을 쏟은 배경에는 자신의 위대함(권위)을 민중에게 알리고 국왕의 이미지를 높이는 선전(프로파간다)의 의미도 있었습니다. 예를 들어 초상화를 그리게 하거나 왕을 기리는 메달을 만들게 하기도 합니다.

파리의 정비도 중요한 선전의 일환이었다고 할 수 있습니다. 루이 14세가 왕에 즉위한 시기의 파리는 중세 도시의 모습이 남은 오래된 거리였습니다. 그래서 가로등 설치와 도로 폭 확장, 가로수 심기 등을 실시합니다. 또한 파리가 군사적으로 공격받을 일은 없어졌다고 판단하고 센강 우안(북쪽)에 있던 성벽을 철거하고 그 자리에 폭 37m의 큰길을 부설했습니다. 성문이 있던 자리에는 전쟁의 승리를 기념하기 위해 개선문이 세워졌습니다. 지금도 볼 수 있는 생드니 문과 생마르탱 문입니다. 그 밖에도 정복 광장(지금의 방돔 광장)에 루이 14세의 거대한 기마상이 설치됐습니다.

052 빚더미에 앉은 프랑스

주변국과 여러 번 전쟁할 수 있을 정도로 루이 14세 때 프랑스의 재정이 풍부했는가 하면 그렇지 않습니다. 거액의 군사비와 더불어 베르사유 궁전의 조영 및 화려한 궁정 생활에서의 지출 대부분은 국내 금융업자로부터 빌렸습니다. 즉 빚입니다. 그런 상황에 엎친 데 덮친 격으로 루이 14세는 악수를 둡니다. 1685년 신앙의 자유를 어느 정도 인정했던 낭트 칙령을 폐지하고 왕국 내에서 프로테스탄트의 신앙을 금하는 '퐁텐블로 칙령'을 내린 것이죠.

이 칙령을 내린 배경에는 국가 통합을 위해 종교를 가톨릭으로만 통일하는 게 좋겠다는 생각도 있었을 것입니다. 나아가 경제적으로 부유한 네덜란드와 잉글랜드에 대항하기 위해 강한 자세를 보인 측면도 있었겠죠. 당시 개신교 국가인 잉글랜드는 네덜란드에 접근하여 양국이 협력 관계를 맺습니다. 이른바 영국사의 명예혁명을 향한 움직임입니다. 이에 맞서기 위해서는 프랑스가 가톨릭 국가임을 대내외에 강력히 보여 줄 필요가 있었고 그래서 퐁텐블로 칙령의 발표를 단행한 것입니다.

그러나 그 결과로 대량의 위그노(프로테스탄트)가 잉글랜드, 네덜란드와 같은 개신교 국가나 프로테스탄트에게 관용적인 나라로 도망칩니다. 그 수가 20만 명이나 됐다고 합니다. 근면하게 일해서 돈 버는 것을 긍정하는 프로테스탄트에는 상공업자가 많아 노동력뿐만 아니라 기술이나 자산도 국외로 유출되고 프랑스 경제는 큰 타격을 입게 됩니다. 게다가 새로운 전쟁이 연이어 일어납니다.

재무총감 콜베르가 1683년에 죽은 후, 루이 14세는 육군경이었던 르텔리에의 뒤를 이은 아들 프랑수아를 기용해 다른 나라를 공격합니다. 1685년 신성 로마 제국 내의 팔츠 선제후국을 다스리는 카를 2세가 후사 없이 사망하자 루이 14세는 자신의 남동생이 카를 2세의 여동생과 결혼했다는 이유로 계승권을 주장합니다. 그러나 프랑스의 세력 확장을 경계한 주변국인 잉글랜드, 신성 로마 제국, 네덜란드, 스페인, 스웨덴 등이 동맹을 맺고 프랑스에 대항하면서 1688년 전쟁(아우크스부르크 동맹 전쟁 또는 팔츠 계승 전쟁)으로 발전합니다. 처음에는 프랑스가 우세했지만 잉글랜드와의 전투(윌리엄왕 전쟁)가 북미에서도 전개되자 점차 열세에 몰리게 됩니다. 1697년 전쟁은 종결됐지만 전쟁에서 점령한 땅을 반환해야만 했습니다.

053 부르봉 왕조의 쇠퇴

1700년 합스부르크가 출신 스페인 왕 카를로스 2세가 후계자 없이 사망합니다. 카를로스 2세는 유언으로 루이 14세의 손자에 해당하는 앙주 공작 필리프를 후계자로 지명했습니다. 필리프의 할머니인 마리 테레즈(마리아 테레사)가 카를로스 2세의 이복 누나였기 때문입니다. 다만 왕위 계승 시 필리프가 프랑스 왕의 왕위 계승권을 포기하는 것이 전제 조건이었습니다.

1701년 필리프는 펠리페 5세로 스페인 왕에 즉위합니다. 부르봉 왕조 출신의 스페인 왕이 탄생한 것이죠. 그러자 카를로스 2세의 생전에 가족을 스페인 왕위로 추천했던 신성 로마 황제 레오폴트 1세가 프랑스와 단교했습니다. 그러던 중 스페인이 무역에서 프랑스에 편의를 제공했다는 이유로 네덜란드와 잉글랜드가 항의합니다. 게다가 펠리페 5세가 프랑스의 왕위 계승권을 포기하지 않았기 때문에 신성 로마 제국, 네덜란드, 잉글랜드 등이 동맹을 맺고 프랑스와 전쟁을 시작합니다. 이것이 스페인 계승 전쟁입니다. 이 전쟁은 10년 이상 계속됐고 북미 대륙에서는 잉글랜드와의 사이에 식민지 간의 전쟁이 발발합니다.

열세에 놓인 프랑스는 다른 나라가 펠리페 5세를 스페인 왕으로 인정하는 대신 미래에 프랑스와 스페인의 두 부르봉 왕가가 합병하지 않을 것을 약속하는 위트레흐트 조약을 1713년에 맺으면서 전쟁은 종결되었습니다.

054 '외교 혁명'으로 대항

 1715년 루이 14세가 76세의 나이로 사망합니다. 거의 70년 동안 왕으로 군림했기 때문에 많은 자녀와 손자도 이미 사망했습니다. 그래서 루이 14세의 증손자인 앙주 공작 루이가 불과 5세의 나이에 즉위하여 루이 15세가 됐습니다. 어린 루이 15세를 대신해 루이 14세의 조카에 해당하는 오를레앙 공작 필리프가 섭정을 맡습니다.
 그 오를레앙 공작이 죽자 루이 15세는 자신의 가정교사였던 플뢰리를 등용하고 정치를 맡깁니다. 루이 14세와 달리 루이 15세는 정치에 크게 관심을 보이지 않았죠. 플뢰리가 사망하고 나서는 정치에 관여하게 됐지만 애인 관계였던 후작 부인 퐁파두르가 정치에 참견하게 되면서 국정은 흐트러졌습니다.
 외교 정책에서는 '외교 혁명'으로도 불리는 큰 방침 전환을 실시합니다. 당시 프랑스는 오스트리아 계승 전쟁(1740~1748년)에서 그레이트브리튼 왕국(영국)과 대립할 뿐만 아니라 인도나 북미의 식민지에서도 대립 관계에 있었습니다. 그래서 프랑스는 오랜 숙적이었던 오스트리아 대공국을 다스리는 합스부르크 가문과 동맹 관계를 맺습니다.

 이후 벌어진 7년 전쟁(1756~1763년)에서도 프랑스는 영국에 패배했습니다. 그리고 파리조약에 의해 북미 대륙이나 인도 아대륙 등에 있던 식민지의 대부분을 영국에 내줍니다. 이 무렵 영국은 명예

혁명을 거치면서 국내의 혼란이 가라앉았고 국력을 갖춰 나가면서 프랑스에 점점 위협이 되고 있었습니다. 17세기 말부터 시작된 영국과의 싸움은 1815년까지 장기화함에 따라 제2차 백년전쟁이라고도 합니다. 제1차 백년전쟁은 이미 말한 1339년부터 1453년에 걸친 프랑스와 잉글랜드(영국)의 싸움입니다.

영국에 패배한 프랑스와 오스트리아는 연계를 더욱 강화하기 위해 루이 15세의 손자인 루이 오귀스트와 합스부르크가 군주인 마리아 테레지아의 11녀와 혼담을 진행했고 1770년에 두 사람은 결혼했습니다. 바로 훗날의 루이 16세와 그의 왕비인 마리 앙투아네트입니다.

알면 알수록 재미있는
프랑스의 위인 ★ 5 ★

근대 철학의 아버지, 데카르트

의심함으로써 새로운 진리에 도달할 수 있다

'나는 생각한다, 고로 나는 존재한다'라는 말을 한 번쯤 들어 봤을 것입니다. 이것은 모든 것을 의심한 끝에 데카르트가 도달한 대답입니다. '방법적 회의'라고 해서 의심을 함으로써 진실을 찾는 방법이죠.
법복 귀족 가정에서 태어난 데카르트는 명문 학교에 들어가 철학을 배우고 졸업한 후에는 대학에서 법학과 의학을 배웁니다. 군대에 들어간 후 책에서 배울 수 없는 것을 찾아 유럽을 10년 가까이 방랑합니다. 네덜란드에 정착한 후에는 20년에 걸쳐 집필 활동에 힘썼습니다. 저서 《방법서설》이나 《성찰》은 이때 쓰인 것입니다. 이후 스웨덴 여왕의 요청에 따라 스웨덴에 도착한 지 4개월 후 감기로 사망했습니다. 우리가 산수나 수학 수업에서 배운 '좌표축'을 생각해 낸 것 역시 수학자이기도 했던 데카르트입니다.

✶ ✶ Chapter 6 ✶ ✶

혁명을 거쳐 제국으로

055 'Non'이라 하지 않는 국왕

병으로 인해 루이 15세가 1774년에 사망합니다. 그의 자식은 먼저 세상을 떠났기 때문에 다음 왕으로는 손자인 루이 오귀스트가 루이 16세로 즉위했습니다. 루이 16세는 형이 둘 있기도 하여 할아버지인 루이 15세의 시대에 본격적인 제왕학을 배울 기회가 거의 없었습니다. 그래서 정치적 판단을 직접 할 일이 별로 없었고 주위에서 하는 말을 바로 인정하는 바람에 좀처럼 'Non(아니)'이라고 하는 일이 없었다고 합니다. 이러한 태도가 훗날 프랑스 혁명을 불러왔다고도 하죠.

루이 16세에 대한 평가도 왕정을 붕괴시킨 당사자로 낮은 편이고, 만화 《베르사이유의 장미》등에서 그려졌듯 온화하고 우유부단하며 약간 살찐 체형의 이미지를 가지고 있기도 합니다. 하지만 여러 연구에 의하면 장신에 날씬한 체형이었고, 독서가에다 다국어 구사도 가능하며 과학 분야에도 지견이 있는 등 다른 면이 있었다는 점도 알려지고 있습니다.

루이 16세가 왕위에 오른 시기, 프랑스의 재정 상태는 엉망이었습니다. 루이 16세와 왕비 마리 앙투아네트가 파탄의 원인을 만들었다는 이미지를 갖고 있을 수 있겠지만 이 재정 위기는 루이 14세와 루이 15세 시대에 행해진 전쟁 비용이 요인입니다. 말하자면 루이 16세가 이를 메꿔야 했던 것이죠.

루이 16세는 상황을 타개하기 위해 계몽사상가이자 경제학자였

부르봉가의 가계 ②

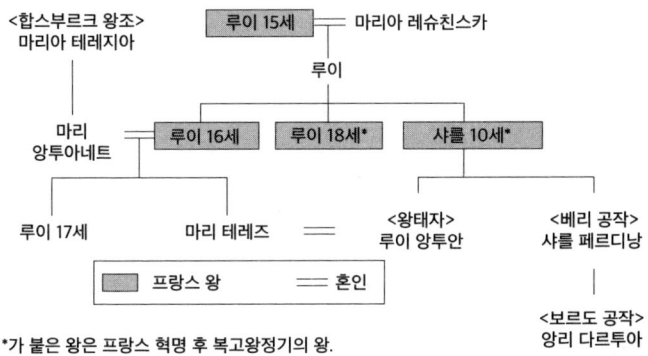

던 튀르고를 재무총감에 앉혔습니다. 튀르고는 '무파산無破産 · 무증세無增稅 · 무차관無借款'을 선언하고 재정 개혁을 진행합니다. 구체적으로는 기존 봉건제의 상징인 특권과 낡은 조직의 폐지, 사회제도의 자유화를 통한 경제 활성화 등입니다. 또한 평민(제3신분)에 대한 과세는 더는 무리라고 보고 무세금에 가까운 상태였던 특권 계급(제1신분 성직자, 제2신분 귀족)에 대한 과세를 검토합니다.

그런데 개혁은 특권 계급인 귀족들의 맹렬한 반발을 삽니다. 게다가 때마침 밀이 흉작이었는데 튀르고가 밀 가격의 자유화를 선언했기 때문에 밀 가격이 급등했고 민중의 폭동이 발생합니다. 정책이 주위의 비판을 받은 데다 귀족들의 정치 공작도 있어 튀르고는 실각했습니다.

056 미국 독립 전쟁에 개입

　1776년 북미 대륙의 그레이트브리튼 왕국(영국) 13개 식민지에서 대표 벤자민 프랭클린이 전년에 시작된 13개 식민지와 영국과의 전쟁(미국 독립 전쟁)에 대한 지원을 요구해 왔습니다.

　영국을 공격하여 18세기에 잃어버린 식민지를 되찾을 좋은 기회로 여긴 프랑스는 13개 식민지 측에 거액을 지원하기로 합니다. 13개 식민지 쪽으로 형세가 기울던 1778년, 프랑스는 독립 전쟁에 군대를 파견하여 13개 식민지 측의 승리에 기여합니다. 1783년 파리조약이 체결됐고 13개 식민지(미국)의 독립이 영국으로부터 정식으로 인정됐습니다.

　1787년에 제정된 미합중국 헌법에서는 《법의 정신》을 저술한 것으로 알려진 프랑스의 계몽사상가 몽테스키외가 주창한 '삼권분립'이 세계 최초로 포함됐습니다.

057 오랜만의 삼부회

 미국 독립 전쟁으로 인해 무리한 지출이 쌓여 프랑스의 재정 상황은 녹록지 않은 상황이 됐지만 귀족들은 여전히 자신들의 특권을 지키는 것밖에 생각하지 않았습니다. 귀족들은 왕비 마리 앙투아네트를 통해 루이 16세를 움직여 개혁을 꾀하는 재무총감을 차례로 해고합니다.

 그러나 아무리 해고해도 새로운 재무총감은 특권 계급에 과세하려고 했습니다. 그러자 특권 계급 의원들은 삼부회에서 인정되면 과세를 승인하겠다고 말했습니다. 삼부회는 제3신분의 평민도 포함된 의회이긴 하지만 의결 구조는 신분 단위로 특권 계급에 유리하게 되어 있어 삼부회에서 개혁안이 인정될 일은 '없다'고 본 것이었습니다. 그리고 1789년 5월 5일, 174년 만에 삼부회가 열렸습

니다.

아니나 다를까 특권 계급에 유리한 의결 방식을 취할 것인가 아닌가로 분쟁을 빚었고 의회는 공전했습니다. 6월 17일, 기다림에 지친 제3신분 대표의원 에마뉘엘 조제프 시에예스를 중심으로 한 이들이 제3신분만이라도 독자적으로 '국민 의회'를 설치하겠다고 선언합니다. 여기에 일부 제1신분(성직자 대표)이 합류하는 것으로 알려지자 제2신분 귀족들은 황급히 국민 의회가 회의장으로 사용하고 있던 공회당의 폐쇄를 루이 16세에게 건의합니다. 6월 20일, 루이 16세는 이를 받아들여 봉쇄하지만 국민 의회 측은 그렇다면 옆 실내 테니스코트에 모여 헌법이 제정될 때까지 의회를 해산하지 않을 것을 맹세했습니다. 이것이 '테니스코트의 서약'입니다.

그 후 제1신분과 제2신분에서도 국민 의회에 합류하는 사람들이 많아지자 국왕도 국민 의회를 인정할 수밖에 없어 국민 의회 합류를 촉구했습니다. 7월 9일에 국민 의회는 정식 명칭을 '헌법 제정 국민 의회(국민 의회)'라고 개명했고 삼부회는 해산됩니다.

058 바스티유 요새 습격

 국민 의회의 성립에 조급해진 일부 보수파 귀족들은 파리에 군대를 집결시키게 해 달라고 루이 16세에게 진언하고 루이 16세는 또다시 이를 받아들여 파리로 군사를 모읍니다. 국민 의회 측은 왕에게 인정받았다고 생각한 것도 잠시, 파리에 군이 집결해 있는 것을 알고 혼란스러워합니다. 사태를 무겁게 본 재무총감 네케르는 루이 16세에게 철군을 요구하지만 상황이 악화한 것은 네케르 때문이라고 귀족들이 따지고 들자 루이 16세는 네케르를 해임하고 맙니다.

 제3신분 출신으로 특권 계급에 대한 과세와 국왕 일가에 대한 검약 제안 등으로 민중에게 인기가 있었던 네케르의 해임 소식이 전해지자 시민들은 분노합니다. 또한 군의 집결을 알게 된 파리 시민들은 군의 습격에 대비해 무장하고자 시내 무기 상점을 약탈합

니다. 1789년 7월 12일에는 시민들의 집합소였던 팔레 루아얄에 모인 군중들에게 데물랭이라는 남자가 선동하는 연설을 합니다. 이에 파리 시민은 '무기를 들어라!'라고 호응하며 무기가 있을 것으로 보이는 앵발리드라는 부상병 치료소로 향합니다.

    7월 14일 부상병 치료소를 습격해 소총과 대포 등 무기를 조달한 시민들은 탄약이 없는 것을 알고 탄약이 비축된 바스티유로 향합니다. 당시 바스티유는 감옥으로도 사용됐지만 본래는 요새였습니다. 프랑스어로 바스티유는 본래 요새라는 뜻이지만, 이후 고유명사화되면서 강압 정치의 상징으로 여겨지게 됐습니다.

    바스티유 요새를 시민들이 공략한 7월 14일은 현재 프랑스 공화국에서 가장 중요한 국경일입니다. 바스티유 요새를 함락시킨 시민들은 파리 시청사로 가서 시장을 살해합니다. 새 시장에는 국민의회 의장이었던 바이를, 파리에서 조직된 자위를 목적으로 한 민병대(국민위병) 사령관에는 라파예트를 임명하는 등 시민들이 시정市政을 장악했습니다.

    습격을 알게 된 루이 16세는 측근의 조언에 따라 파리에 집결시켰던 군을 철수시키고 네케르를 복직시켰습니다. 그다음 베르사유 궁전을 나와 파리를 방문합니다. 7월 17일 파리에 도착하자 바이가 파리시 문까지 마중 나왔고 루이 16세를 기리는 시민들이 몰려와 환영을 받습니다. 시청사에 들어선 루이 16세는 바이의 시장 취임, 라파예트의 사령관 취임, 민병대를 국민 위병으로 하는 것 등을 승인합니다. 시민들이 시정을 쥐고 루이 16세의 파리 방문을 환영했던 것에서 알 수 있듯 이 시점에서 시민들은 왕정을 타도할 생각을 하지 않았습니다.

059 민주주의의 원점

바스티유 요새의 함락이 프랑스 전역에 전해지자 유력 귀족들은 국외로 망명합니다. 지방 농민들은 지금까지 자신들을 짓눌러 온 귀족들을 시민들이 물리친 기쁨과 귀족들에게 보복당할지도 모른다는 불안감을 동시에 느꼈습니다. 이윽고 이는 보복을 당하기 전에 우리 쪽에서 들이닥쳐 귀족의 토지 지배 증서를 받아 내자는 생각으로 바뀌어 농민들이 무기를 들고 귀족의 저택 등을 습격하는 폭동으로 발전합니다.

이 상황에 당황한 국민 의회는 농민들의 폭동을 진정시키기 위한 정책을 펴 나갑니다. 이것이 봉건 영주들의 토지 지배권을 폐지하고, 교회에 납부하던 세금 등을 없앤다는 내용을 담은 '봉건적 특권의 폐지 선언'입니다. 선언에는 매년 내는 공물의 20~25년분을 한꺼번에 선급하면 토지 소유권을 얻을 수 있다고 돼 있었지만 이를 지급할 수 있을 정도로 부유한 농민은 드물었기에 일반 농민에게는 쉽지 않은 내용이었습니다. 이런 내용이 된 이유는 국민 의회가 제3신분의 지지로 성립되긴 했지만 그 지도부는 부르주아지와 특권 계급으로 구성돼 있었기 때문입니다.

1789년 8월 26일, 이어서 국민 의회는 '인권 선언(인간과 시민의 권리 선언)'을 채택합니다. 제1조 '모든 인간은 태어날 때부터 자유롭고 평등한 권리를 가진다'로 시작해 주권이 국민(국민 주권)에게 있다, 권력의 분립(삼권 분립) 및 사적 소유권 확립 등의 내용이 담긴

17개의 조문으로 이루어져 있고 봉건 제도를 뒷받침하는 왕권신수설을 명확히 부정하고 있습니다.

이 인권 선언(프랑스 인권 선언)은 루소를 비롯한 계몽사상가들의 사상과 그 사상을 한발 앞서 형성한 영국의 입헌 왕정 및 미국 독립 선언 등을 참고하여 당시의 계몽적인 사람들이 만든 것으로 보입니다. 다만, 프랑스 인권 선언은 어디까지나 실현해야 할 원칙으로, 어떻게 해서 선언의 내용을 국가의 방향성에 반영해 나갈지는 정해지지 않았습니다. 프랑스 인권 선언에서 제창된 내용은 현재 민주주의 사고방식의 근본이 되고 있으며 후세의 세계 헌법에 영향을 미칩니다.

060 빵을 달라!

국민 의회에 의한 2가지 선언은 왕이 승인해야 효력을 가질 수 있었는데 정작 루이 16세는 인정하는 기색을 보이지 않았습니다. 그러던 중 한 근위병이 왕이 보는 앞에서 시민과 국왕의 융화를 상징하는 것이라고도 할 수 있는 삼색 기장을 밟았다고 파리에 전해집니다. 그러자 파리 시민들은 '왕은 혁명을 인정하지 않는가?'라며 화를 냅니다.

시민들이 화가 난 배경에는 루이 16세가 선언을 인정하지 않을 뿐만 아니라 몇 년 동안 지속된 흉작으로 파리의 식량 사정이 악화한 것도 관련이 있었습니다. 1789년 10월 5일 아침, 파리 시청사 앞에는 6천~7천 명이나 되는 여성이 모여 누가 처음 시작했는지 모르는 '빵을 달라!'라는 구호와 함께 베르사유로 행진하기 시작했습니다. 국민 위병이 그 뒤를 따랐습니다.

베르사유에 도착한 군중은 '국왕은 파리로 돌아가라'라고 격노했습니다. 두려움을 느낀 루이 16세는 국민 의회에 의한 2가지 선언을 인정할 것을 약속했습니다. 이 소동 때 왕비 마리 앙투아네트가 '빵이 없으면 케이크(혹은 과자)를 먹으면 되잖아'라고 했다는 사실은 기록에 남아 있지 않습니다. 원래 이 말은 다른 인물이 한 말이 바탕이 됐다고 합니다.

이 '베르사유 행진'으로 의회와 국왕 일가는 파리로 이주했고 튀일리궁이 왕궁이 됐습니다. 이후 루이 16세와 마리 앙투아네트가 베르사유로 돌아오는 일은 없었습니다.

061 왕은 배신자다

파리로 옮겨 간 루이 16세는 국민 의회의 선언을 인정했고 헌법 제정 작업이 진행되어 법률이 제정되어 갑니다. 그때까지 주마다 제각각이었던 법률 및 세율을 통일한 다음, 기존 행정구역을 데파르트망으로 바꿨고 국가의 빚 변제를 위해 국교였던 가톨릭교회의 자산 몰수, 그 자산을 기초로 한 공채(아시냐)의 발행 등 여러 개혁이 시행됐습니다.

국민 의회에 의한 개혁이 진행되고 있는 동안 국왕 일가는 계획 하나를 은밀하게 꾸미고 있었습니다. 마리 앙투아네트의 모국인 오스트리아 대공국으로 탈출한 뒤, 국왕군과 오스트리아군이 협력하여 혁명 세력에 대항하는 계획입니다. 베르사유에서 강제로 파리로 이동하게 되어 불안감을 느낀 마리 앙투아네트가 중심이 되어 계획했다고 합니다.

1791년 6월 20일에 계획은 실행됐지만 도중에 여러 가지 문제를 겪은 끝에 크기도 크고 훌륭한 마차를 지방 사람들이 수상히 여겨 신원이 밝혀진 국왕 일가는 파리로 다시 돌아가게 됩니다. 체포된 지명을 따 '바렌 (도망) 사건'이라고 불리는 이 사건과 심지어 다른 나라와 내통했던 증거가 왕궁에서 발견되면서 '국민을 버린 배신자'로 왕가에 대한 국민의 신용은 땅에 떨어졌습니다.

062 프랑스 역사상 최초의 헌법

바렌 사건 이후 왕권을 정지하고 공화정으로 해야 한다는 논란이 불거졌지만 '왕은 누군가에게 속았다'는 왕권 옹호파의 논리에 따라 일단 왕정은 유지되게 됐습니다. 그러나 바렌 사건은 아니더라도 국민 의회 안에 왕권에 대한 생각의 차이가 있음이 드러났습니다. 1789년에 결성되어 다수의 의원이 소속된 정치 결사 '자코뱅파'도 바렌 사건에 대한 대응을 둘러싸고 분열합니다.

이때 '왕정을 유지하고 입헌군주제의 나라를 만들고 싶다'는 사람들이 '푀양파'를 결성해 자코뱅에서 독립했습니다. 왕정을 폐지하고 공화정을 요구하는 '지롱드파'나 지롱드파와 대립하는 '자코

혁명 정부의 변천

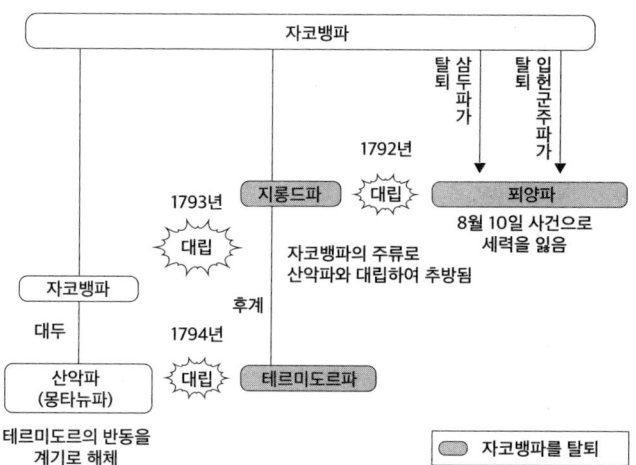

뱅파' 중에서도 더욱 급진적인 생각을 가진 '산악파'와는 함께 할 수 없다고 판단한 것입니다.

참고로 '우익'과 '좌익'이라고 하는 명칭은 의장석에서 볼 때 회의장 우측에 온건파(지롱드파)가 앉고 좌측에 급진파(특히, 의석 중 가장 높은 곳에 진을 치고 있었기 때문에 몽타뉴파, 즉 산악파라고 불림)가 앉아 있었기 때문이라고 합니다.

1791년 9월 3일, 푀양파 주도 아래 프랑스 역사상 최초가 되는 '1791년 헌법'이 제정되고 루이 16세가 승인합니다. 앞선 인권 선언을 전문으로 입헌군주제 및 일원제 의회의 설치 등의 내용이 담겼고 루이 16세는 '프랑스 국왕'에서 '프랑스인들의 왕'으로 자리매김했습니다. 국민 의회는 해산됐고 선거를 거쳐 10월 1일에 '입법 의회'가 개회됩니다. 이미 1790년 초부터 혁명 이전의 체제는 '앙시앵 레짐(구체제)'이라고 불리게 되었습니다.

063 제1공화정이 시작되다

프랑스에서 입헌군주정이 성립되면서 주변국들은 프랑스의 공화국화와 혁명의 여파가 자국에 전해지는 것을 두려워했습니다. 그중에서도 마리 앙투아네트의 오빠인 신성 로마 황제 레오폴드 2세와 그에 동조한 프로이센 왕은 함께 혁명 세력에 위해를 가할 가능성이 있는 프랑스 국왕 일가를 보호하고 친정親政의 부활을 요구할 것을 표명합니다.

그런 엄포에 굴복할 수 없다며 지롱드파는 전쟁을 시작할 것을 주장하지만 정권을 잡은 푀양파는 만약 전쟁에 지면 입헌군주정이 붕괴하고 말 것이라며 신중한 태도로 일관합니다. 이를 푀양파를 몰아낼 기회로 본 지롱드파는 오스트리아와 전쟁할 것을 루이 16세와 의회에 강요합니다.

1792년 3월 루이 16세는 지롱드파에 내각을 조직할 것을 명령했고 4월에는 오스트리아에 대한 선전포고가 의회를 통과하면서 오스트리아와의 전쟁, 나아가 '프랑스 혁명 전쟁'이 시작됐습니다. 사실 루이 16세는 전쟁을 시작하면 혁명군이 지고 오스트리아가 프랑스의 왕정을 부활시켜 줄 것으로 생각했습니다.

전쟁이 시작되자 라파예트가 이끄는 프랑스군은 오스트리아, 프로이센, 그리고 국외로 망명해 있던 프랑스 귀족 군인 연합군에게 연전연패합니다. 준비가 부족했음은 물론이거니와 혁명에 즈음하여 사관급이었던 귀족 대부분은 사임했거나 다른 나라로 망명했고 혁명 정부가 소집한 병사들은 오합지졸에 가까웠던 것이 패인이었습니다.

1792년 7월, 강한 위기감을 가진 지롱드파는 비상사태 선언을 하고 동시에 전국에서 의용병(연맹병)을 모집합니다. 이때 7월에 오스트리아·프로이센 동맹군 사령관이 '국왕 일가에 위해를 가하면 파리는 죽음의 마을이 될 것'이라고 한 선언이 파리에 도착합니다. 이 선언에 파리 시민들은 크게 분노했고 '프랑스의 연전연패는 왕이 외국과 내통하기 때문이다'라는 여론도 작용해 8월 10일 연맹병과 함께 튀일리궁전으로 몰려가 루이 16세를 비롯한 국왕 일가를 구속하고 탕플 탑으로 유폐합니다. 또한 왕권의 정지, 새 헌법의 기초를 위해 남자 보통 선거에 의한 '국민 공회' 소집(입법 의회는 해산)이 결정됩니다. 이 일련의 일들을 '8월 10일 혁명(8월 10일 사건)'이라고 합니다.

그리고 9월 국민 공회가 열리자 왕정의 폐지와 공화정이 선언됐고 987년 카페 왕조 성립 이후 800년 이상 이어진 왕정이 끊겼습니다. 이 혁명으로 성립된 공화정이 후에 '제1공화정'이라고 불리게 됩니다.

064 루이 16세의 최후

탕플 탑에 유폐됐던 루이 16세의 처우를 결정하는 재판이 국민 공회에서 공개 심리·투표에 의해 시작됐습니다. 결국 국왕이 외국과 내통하고 있던 문서가 증거로 제시되어 유죄가 되고 사형이 결정됐습니다. 그러나 바로 처형해야 한다는 자코뱅파와 집행을 유예하고자 하는 지롱드파로 의견이 나뉩니다. 이에 공개 투표가 시행되고 즉각적인 사형에 찬성 380표, 집행유예가 310표로 즉각적인 사형이 결정됐습니다. 사형이 결정된 루이 16세는 움직이지 않고 의연했다고 합니다.

형장인 혁명 광장(지금의 콩코르드 광장)에 설치된 단두대 앞에 선 루이 16세는 '나는 죄 없이 죽는다. 나는 비난받을 이유가 없다. 나의 피가 프랑스 국민에게 유익하기를, 그리고……'라고 말할 때 형이 집행됐고 1793년 1월 21일, 목숨을 잃었습니다.

결과적으로 루이 16세는 처형됐지만 민중은 왕의 처형을 목적으로 혁명을 일으킨 것은 아닙니다. 이는 입헌군주정의 나라를 만드는 것을 목표로 한 점에서도 알 수 있습니다. 루이 16세가 민중의 기대에 부응했다면 프랑스는 입헌군주정의 나라로서 계속됐을지도 모릅니다.

루이 16세와 마리 앙투아네트 사이에는 두 아들이 있었습니다. 장남은 이미 사망했기 때문에 차남인 루이 샤를이 왕태자였죠. 차남은 루이 16세가 처형되자 다른 나라로 망명해 있던 왕당파 귀족들에 의해 새로운 왕(루이 17세)으로 선언됐습니다. 하지만 루이 17세는 탕플 탑에 유폐되어 가혹한 환경 속에 있었기에 1795년 10살의 나이로 사망합니다.

065 온건파와 급진파의 대립

왕정의 폐지뿐만 아니라 프랑스 국왕이 처형된 것에 대해 주변국들은 큰 충격을 받습니다. 1793년 그때까지 상황을 보고 있던 영국은 프랑스에 군사 개입을 할 것을 결정하고 오스트리아, 프로이센 등과 동맹을 맺습니다(제1차 대프랑스 동맹).

이에 프랑스 정부는 병력을 증강하기로 하고 그때까지의 연맹병에 더해 농촌 사람들을 징병하기로 했습니다. 그러나 이 징병에 농촌은 반발합니다. 노동력을 빼앗길 뿐만 아니라 혁명 정부가 멋대로 하는 일에 왜 휘말려야 하는가라는 이유였습니다. 파리에서 혁명이 일어나 봉건적 특권이 폐지됐다고 해도 농촌에는 아직 아무런 혜택이 없었죠. 이러한 반발이 1793년 '방데 전쟁'이라는 큰 폭동으로 이어집니다.

이제 프랑스 주변국 모두가 적국인 데다가 국내에서는 농민의 반란이 있고 국고도 여전히 파산 상태인 상황에서도 정권을 담당하는 지롱드파는 사태의 호전을 기다립니다. 즉 사태의 추이를 조용히 바라보려는 것이었죠. 이에 의회(국민 공회)는 자코뱅파의 유력 의원인 당통을 리더로 한 공안위원회를 설치합니다. 원래대로라면 논의로 결정해야 할 부분이나 대외 전쟁과 더불어 국내의 반혁명 운동 등 급속한 사태 변화에 대응하기 위해 독재적인 권한을 가진 조직이 필요하다고 본 것이죠.

이러한 가운데 오스트리아군과의 싸움에서 패배한 지롱드파 장교의 노선 변경과 배신행위로 지롱드파의 신용은 상실됐고 파리의 시민·민중의 압력 아래 1793년 6월 지롱드파는 추방됐습니다. 그 대신 자코뱅파가 권력을 잡았고 7월에는 산악파의 로베스피에르가 주도권을 쥡니다.

066 로베스피에르의 공포 정치

로베스피에르는 변호사 출신 정치인이었는데 사욕에 치우치지 않아 청렴하기로 손꼽히는 인물이었습니다. 다만 비상시에는 정치에도 '테러(공포)'가 필요하다는 생각이 있었고 위로부터의 일방적 테러가 아니라 덕(도의)을 갖춘 테러라면 혁명의 추진력이 된다며 자신들의 테러는 허용된다고 주장했습니다. 정의로운 폭력이라면 격렬한 폭력도 허용된다는 것입니다. 여기서부터 '공포 정치'가 시작됩니다. 산악파나 로베스피에르에 반대하는 사람은 그 사상 및 신조를 불문하고 체포되어 반혁명 분자로서 차례로 단두대로 보내졌습니다.

로베스피에르는 봉건적 특권 폐지 및 물가의 가격 통제(최고가격제) 등의 정책을 내놓지만 쉽지 않았습니다. 그러자 정책이 잘 안 되는 것은 반혁명 분자가 방해하고 있기 때문이라고 단정 지었고 공포 정치가 첨예화됩니다. 기독교가 혁명의 진행을 방해하고 있다며 기독교에 대한 공격도 거세졌습니다.

공화정의 시작과 함께 검토된 새로운 공화력(혁명력)에서는 기존의 기독교적 성격을 지닌 달력을 부정하고 십진법에 따라 1개월을 30일, 1주일은 10일, 남은 5일(윤년은 6일)을 해의 마지막에 뒀습니다. 그러나 다른 나라와도 다른 데다가 실용성이 부족하기도 해서 후에 권력을 잡은 나폴레옹 때 폐지됩니다. 한편, 이 시기에 정해진 미터법(길이를 미터로 나타내는 십진법의 계량 단위)이나 그램법은 그 후 전 세계에서 사용되게 됩니다.

또한 1793년 6월에는 '1793년 헌법(공화력 제1년 헌법)'이 제정됐습니다. 자코뱅파 주도하에 성립되었기 때문에 '자코뱅 헌법'이라고도 불리죠. 국민 주권을 전면에 내세우고 노동과 교육에 관한 권리, 남자에 의한 보통 선거 등을 담고 있으며 입헌군주정에 뿌리내린 1791년 헌법보다 민주주의적인 내용이었습니다. 다만 이 헌법은 당시 국내외 혼란으로 인해 실시되지는 않았습니다.

067 공포 정치의 주모자도 단두대로

　산악파에 의한 처단은 분별이 없어져 갔습니다. 국왕이 죽은 뒤 그 화살은 왕비인 마리 앙투아네트에게도 향했습니다. 재판은 불과 이틀 만에 마무리됐고 검사 대리인 에베르에게 있지도 않은 죄를 뒤집어쓰고 사형이 확정됩니다. 1793년 10월 16일, 마리 앙투아네트는 단두대에서 처형됐습니다.

　산악파의 공포 정치는 이미 폭주하고 있었습니다. 파벌과 관계없이 당통, 오를레앙 공작, 바이 등의 인물들을 반혁명 분자로 숙청합니다. 에베르도 음모를 꾸몄다는 이유로 단두대에 올려집니다. 이러한 공포 정치의 희생자 수는 재판 없이 처형된 사람까지 포함하여 프랑스 전역에 3만 5천~4만 명으로 알려져 있습니다. 너무나 분별이 없었기에 산악파의 지지 기반이 줄어들 정도였습니다. 지지 기반이 약한 정권은 당연히 오래가지 못합니다. 이번에는 공포 정치의 화살 끝이 급변하여 산악파를 향하게 됩니다.

　1794년 7월 26일, 혁명력의 테르미도르(열월熱月) 8일, 로베스피에르가 국민 공회의 연설에서 '숙청되어야 할 자가 있다'라고 발언한 것을 계기로 다음은 자신이 숙청되지 않을까 불안에 휩싸인 의원들이 결속하였고 다음 날인 9일(7월 27일), 국민 공회에 온 로베스피에르와 그 일파를 체포했습니다. 그리고 다음 날(7월 28일) 로베스피에르와 그 일파는 반론의 기회가 주어지지 않은 채 단두대에서 처형됐습니다. 이 사건을 '테르미도르의 쿠데타'라고 부릅니다.

068 나폴레옹이 역사의 전면으로

로베스피에르가 처형됨과 동시에 산악파의 독재와 공포 정치는 끝을 맺습니다. 그리고 쿠데타를 주도한 의원들 등 테르미도르파에 의해 국민 공회가 운영되어 투옥되었던 사람들의 해방과 공안위원회 해산, 최고가격제 철폐 등이 이뤄졌습니다. 다만 대프랑스 동맹을 비롯해 프랑스를 둘러싼 상황은 변하지 않았고 전시 체제는 여전히 어려운 상황이었습니다. 과거 입헌군주정을 지향한 푀양파, 국왕을 처형한 지롱드파, 그리고 공포 정치에 의한 독재를 시행한 산악파와 집안싸움을 반복하는 혁명 정부에 국민도 기대하지 않게 됐습니다.

이러한 가운데 왕정의 부활을 목표로 하는 왕당파에 불온한 움직임이 나타났습니다. 만약 왕당파가 정권을 잡게 되면 이번에는 자신들이 단두대에 올라가게 될 것이라고 테르미도르파 사람들은 생각했습니다. 그래서 혁명이 마무리될 수 있도록 새로운 헌법의 기초를 서두릅니다. 신헌법을 제정해 국민의 지지를 얻자는 것입니다.

1795년 8월 '1795년 헌법(공화력 제3년 헌법)'이 제정됐습니다. 의회는 상원인 '원로회'와 하원인 '오백인회'로 구성된 양원제로 채택됐고 나아가 독재를 막기 위한 목적으로 대등한 입장인 5명의 총재로 구성된 집단지도체제가 채택됐습니다. 그러나 이 체제로 독재는 막을 수 있을지 몰라도 의사결정이 늦고 쿠데타 등 긴급사태 대응이 어려울 수 있다는 위험성도 함께 존재했습니다.

총재 정부 출범 직전인 10월, 왕당파는 무장 반란(방데미에르 13일의 반란)을 일으킵니다. 진압을 맡은 예비 총재 바라스는 한 명의 젊은 군인을 의지합니다. 이 군인이 바로 나폴레옹 보나파르트입니다. 바라스가 포병대의 지휘를 맡긴 나폴레옹은 즉시 파리 시내의 반란을 진압했습니다.

069 불충분한 장비로도 승리

　나폴레옹은 1769년 지중해 코르시카섬의 하급 귀족 가정에서 태어나 9세부터 유년군사학교에서 공부했고 파리의 사관학교를 불과 1년 만에 졸업하고 임관합니다. 수년 후, 1793년 영국 해군의 지원을 받은 왕당파가 프랑스 남부 항구도시 툴롱을 점령하면서 혁명 정부는 대응에 어려움을 겪고 있었습니다. 그런데 그곳에 포병대장으로 파견된 나폴레옹이 포격을 지휘하여 금세 마을과 항구를 되찾았습니다.

　툴롱의 영웅으로 갑자기 유명해진 나폴레옹이었지만 로베스피에르의 남동생과 친분이 있다는 이유로 테르미도르의 쿠데타 후 투옥되고 맙니다. 열흘 정도 후 석방됐지만 군무에서 제외되어 예비역(군대의 예비 인원)이 됐고 방데미에르 13일의 반란으로 바라스에게 등용될 때까지 냉대를 받았습니다. 이때 반란을 진압하며 공적을 인정받은 나폴레옹은 1796년, 26세의 젊은 나이에 총재 정부에 의해 이탈리아 방면 군 총사령관으로 발탁됩니다.

　1793년 이후 주변국을 적으로 돌려 온 프랑스였지만 1795년에는 프로이센, 스페인과 강화 조약을 맺어 네덜란드를 제압합니다. 남은 군사적 위협은 이탈리아 북부 사르데냐 왕국과 그 배후에 있는 오스트리아였습니다. 1796년 나폴레옹이 이끄는 프랑스군은 이탈리아로 쳐들어갑니다. 여기서부터 '나폴레옹 전쟁'이 시작됐습니다. 나폴레옹이 맡게 된 군대의 장비는 초라했지만 용병의 능수

능란함으로 사르데냐군, 오스트리아군에 연승했고 북이탈리아의 여러 도시를 차례로 점령합니다. 그리고 마침내 오스트리아를 굴복시키고 1797년에 조약을 맺습니다. 이로써 대프랑스 동맹에는 영국과 러시아 제국만이 남게 되었고 이후 러시아가 빠지면서 동맹은 붕괴했습니다. 이렇게 제1차 이탈리아 원정에서 승리함으로써 나폴레옹의 인기는 치솟았습니다.

070 혁명은 끝났다

파리로 돌아온 나폴레옹은 시민들의 환영을 받습니다. 이어 나폴레옹은 이집트로 원정을 떠납니다. 당시 영국과 그 식민지인 인도의 중계 지점이었던 이집트를 점령하여 통상을 방해하는 것이 목적이었습니다. 하지만 이 원정은 실패로 끝납니다. 다만 역사적으로 말하면 이때 로제타 스톤(고대 이집트의 문자인 히에로글리프 해독의 계기가 된 비석)을 발견한 것은 큰 성과라고 여겨지고 있습니다.

1798년 말, 나폴레옹이 이집트에 발이 묶여 있는 동안 영국을 비롯해 오스트리아와 러시아 등이 동맹(제2차 대프랑스 동맹)을 맺습니다. 프랑스군은 연패하고 나폴레옹이 손에 넣은 라인강 좌안과 북이탈리아 등의 영토를 잃고 맙니다. 이듬해 파리에서 쿠데타의 조짐이 있는 것을 안 나폴레옹은 소수의 부하와 파리로 귀환했고, 총재 중 한 사람인 시에예스 등이 계획한 쿠데타(브뤼메르 18일 쿠데타)를 틈타 조직된 대통령 정부의 제1통령이 됩니다. 대통령 정부는 3명의 통령consul으로 구성되었는데 그중 제1통령에게 큰 권력이 주어지고, 제2, 제3통령은 자문하는 권한만 있을 뿐이며 그 밑에 입법기관인 원로원이 설치됩니다. 이러한 내용이 담긴 '1799년 헌법(공화력 제8년 헌법)'이 제정되자 나폴레옹은 "혁명은 끝났다"라고 선언합니다. 1789년부터 이어진 혁명의 막이 내려진 것이죠.

나폴레옹이 빠르게 출세할 수 있었던 것은 나폴레옹 본인의 재능은 물론이거니와 혁명 때문에 유력자가 잇달아 목숨을 잃고 외국으로 망명했기 때문이라고도 합니다. 10년 동안 이어지는 혼란을 수습해 줄 인물의 등장을 국민들이 고대했다는 측면도 있었습니다. 한편, 쿠데타 이전인 1798년에는 대외 전쟁에서의 군 증강을 목적으로 '주르당과 델브렐의 법'이 제정되었고 의무 징병제가 시작됐습니다. 이 징병제는 형태를 달리하면서 20세기 말까지 존속하게 됩니다.

071 가톨릭과의 화해

나폴레옹은 빼앗긴 영토를 되찾기 위해 1800년 다시 이탈리아로 원정을 떠납니다. 이 원정에서 알프스산맥을 넘을 때 나폴레옹이 남긴 '나의 사전에 불가능은 없다'는 명언은 굉장히 유명합니다. 나폴레옹은 알프스산맥을 넘은 후의 전투에서도 이겨 다시 오스트리아를 굴복시켰습니다. 그리고 1801년에는 오스트리아와, 1802년에는 영국과 조약을 맺어 제2차 대프랑스 동맹을 해체했습니다.

나폴레옹은 이 무렵 다양한 정책을 내놓습니다. 그중에서도 1801년에 교황과 맺은 '콩고르다툼(정교 협약)'은 큰 사건이었습니다. 이 무렵이 되자 '라이시테'라고 불리는 정교분리의 원칙이 생겨나고 있었지만 콩고르다툼을 통해 나폴레옹은 프랑스 국내 최대의 종교를 가톨릭으로 공인한 셈이 되었습니다. 하지만 다른 한편으로는 개신교나 유대교 등 다른 종파와 종교를 믿을 자유도 보장했습니다.

또한 혁명 중 몰수된 교회 자산의 포기를 인정하도록 해 매수를 통해 교회의 몰수 자산을 손에 넣은 국민을 안심시켰습니다. 혁명 정부가 주도한 탄압 때문에 상실되었던 교회와의 신뢰 관계를 회복하고, 왕당파 등 반정부 세력과 가톨릭이 연결되는 것을 막기 위해서 나폴레옹은 프랑스 정부가 주교를 지명하는 대신 교황이 이를 승인할 권리를 인정하였고 프랑스 정부가 주교의 봉급(급여)를 지급하는 대신 주교를 경질할 권리를 함께 가지는 등의 협약을 맺었습니다.

072 후세에 영향을 준 법전

 제1통령이 되어 독재 권력을 손에 넣은 나폴레옹은 중앙집권을 추진합니다. 왜냐하면 왕정기의 정치를 움직이던 귀족 등 특권 계급이 혁명기에 매관제(폴레트 법 등) 및 세습제가 폐지되면서 없어졌기 때문입니다. 현대로 이어진 프랑스의 관료 제도 및 공무원 제도가 확립되어 갔고 특히 지방 행정에 절대적인 권력을 가진 지사를 중앙 정부가 임명하는 제도는 1982년에 지방 분권화가 이루어질 때까지 계속되었습니다.

 1800년에는 현재 프랑스 중앙은행의 전신에 해당하는 프랑스 은행(1945년에 국영화)을 설립하여 지폐 발행권을 부여하고 은행권 발행을 통한 경제 안정화에 힘썼습니다. 이외에도 교육제도를 갖추거나, 불편했던 혁명력을 폐지하고 폐지 전부터 사용되던 그레고리력(태양력의 일종)을 부활시키기도 했습니다. 1802년에는 국가에 공로가 있는 인물에게 훈위를 내리기 위해 레지옹 도뇌르 훈장이 창설됐습니다. 이 제도는 지금도 존속하여 문화나 과학 등의 분야에서 공적을 올린 인물이라면 프랑스 국민뿐만 아니라 외국인에게도 수여되고 있습니다.

 나폴레옹이 내놓은 여러 정책 중에서도 가장 고심했다고 하는 것이 《나폴레옹 법전》이었습니다. 만년의 나폴레옹이 "나의 진정한 영광은 마흔 번에 달하는 전쟁의 승리가 아니라 나의 법전에 있다"라고 말했다고 할 정도죠. 정식 명칭은 《프랑스인의 민법전》이라고 하며 1804년에 제정됐습니다. 이 법전의 내용은 사적 소유권의 절대나 노동의 자유, 인신의 자유, 법 앞에서의 평등, 신앙의 자유 등 혁명으로 확인된 수많은 권리가 법률에 따라 규정된 세계 최초의 근대적 민법전으로 알려져 있으며 세계 각지의 민법전에 큰 영향을 끼쳤습니다.

다만 수많은 권리가 인정되는 것은 남성뿐인 점 등은 모든 인간에게 평등한 권리를 선언한 혁명의 이념에서 한발 후퇴한 내용이었습니다. 이는 앙시앵 레짐의 관습과 사고방식에 양보한 결과라고 알려져 있습니다. 가톨릭과의 화해 및 나폴레옹 법전에서의 권리 후퇴는 급진적 혁명의 실행으로 사회와 알력을 낳아 스스로 무너졌던 혁명 정권을 타산지석으로 삼은 것입니다.

같은 시기 나폴레옹은 과감한 결단을 내립니다. 프랑스가 북미 대륙에 소유하고 있던 루이지애나(넓이 약 214만 제곱킬로미터)를 1,500만 달러에 미국에 매각한 것입니다. 이는 당시로써도 파격적인 가격이었습니다. 루이 14세 시대에 손에 넣은 루이지애나는 미시시피강 유역을 포함한 광대한 식민지입니다. 매각의 이유로는 식민지화를 생각했던 아이티가 독립하면서 루이지애나를 포함해 고려했던 계획이 실패한 것, 대립 관계에 있던 영국에 다시 공격당하기 전에 미국에 팔아 그 자금을 전비로 충당하는 것 등이 있었습니다.

대규모 식민지를 포기한 한편, 주변 여러 나라를 공격하며 프랑스 본국의 영지는 확대되어 갑니다. 당초 나폴레옹 전쟁은 '외국의 개입을 물리치기 위한 수단'이라는 명분이었지만 곧 '혁명을 수출하기 위한 수단'으로 변질됐습니다. 나폴레옹은 자신을 침략자가 아니라 군사력에 의해 주변국을 왕권에서 해방시키는 자라고 일컬었습니다. 그러나 점령된 지역의 사람들 입장에서는 프랑스와 그 지배자인 나폴레옹에 종속되는 것이었기에 혁명의 이념은 쉽게 이해되지 못했습니다.

073 프랑스 인민의 황제

영국과의 조약 성립 후 나폴레옹은 헌법을 개정해 제1통령의 임기를 종신으로 하고 나아가 후계자를 지명(세습)할 수 있도록 제정합니다. 이로써 한 나라의 군주와 다름없는 권력을 손에 넣었고 1804년 나폴레옹 법전의 반포와 같은 해에 황제 즉위를 선언. 황제로의 즉위를 국민투표에 부쳤습니다. 그 결과 찬성 352만여 표, 반대 2,579표라는 압도적 다수로 즉위가 인정되어 제위에 올라 황제 나폴레옹이 됩니다.

어째서 '왕'이 아니라 '황제'가 되었을까요? 결정적인 부분은 알 수 없지만 왕은 전복된 구체제를 연상시키기도 하고 유럽에서 황제는 오랜 기간 선출되어 즉위하는 지위였기에 자신은 프랑스 인민들로부터 뽑혀서 황제가 됐다는 논리로, 국민투표를 시행한 것

도 그 때문이라고 해석됩니다.

정식 명칭인 'Empereur des Français'를 번역하면 '프랑스 인민의 황제'이지 '프랑스(국) 황제'는 아닙니다. 파리 노트르담 대성당에서 열린 대관식에서는 교황이 수여하는 제관을 나폴레옹 본인이 직접 들어 썼습니다. '황제의 지위는 주어진 것이 아니라 스스로 쟁취한 것'이라는 의사 표시였다고 합니다. 프랑크 왕국 시대를 제외하고 프랑스 역사상 황제의 즉위와 프랑스 제국의 성립은 처음 있는 일이었습니다. 제1공화정이 끝나고 이때 시작된 체제를 '제1제정'이라고 부릅니다.

074 자충수가 된 대륙봉쇄령

나폴레옹이 황제로 즉위하자 각국은 대륙의 패권을 쥐겠다는 나폴레옹의 야망을 느낍니다. 영국은 조약을 파기하고 1805년 8월 오스트리아 제국 및 러시아 등과 다시 대프랑스 동맹(제3차 대프랑스 동맹)을 결성합니다. 1805년 10월, 프랑스는 스페인과 손잡고 영국에 도전하지만 패배합니다(트라팔가르 해전). 그래도 같은 해 12월 아우스터리츠 전투에서 승리해 대프랑스 동맹을 해체로 몰아넣습니다. 그리고 신성 로마 제국 서부의 16개국에 '라인 동맹'을 결성시켜 신성 로마 제국으로부터의 이탈과 프랑스 황제를 받들 것을 선언토록 합니다. 이로 인해 신성 로마 제국은 붕괴했습니다.

이 라인 동맹의 성립에 반발한 프로이센이 프랑스에 선전포고

프랑스 제국과 그 주변국

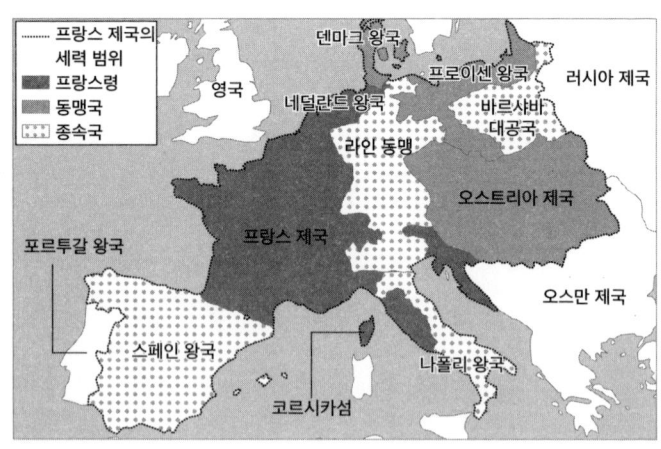

함에 따라 나폴레옹은 프로이센을 침공합니다. 프랑스군은 군제, 전술, 장비가 구식인 프로이센군을 압도하여 프로이센의 왕도인 베를린을 함락시킵니다.

그리고 1806년 나폴레옹은 베를린에서 '베를린 칙령'을 선포합니다. 이른바 '대륙봉쇄령'입니다. 프랑스 및 지배 국가에 영국과의 거래를 금지해 영국을 경제적으로 힘들게 하는 것이 목적이었습니다. 아무리 전쟁에서 이겨도 계속 적이 맞서기 때문에 동맹의 요체인 영국을 약화할 필요가 있다고 생각한 것입니다. 그러나 산업혁명을 거치며 유럽 제일의 공업국이 된 영국과 거래를 할 수 없게 되자 경제적인 피해를 보는 것은 영국, 대륙 국가들뿐만 아니라 프랑스도 마찬가지였습니다. 이것이 나중에 프랑스 제국이 몰락하는 요인이 되었습니다.

나폴레옹은 전선을 확대해 나간 결과, 이탈리아, 스페인, 네덜란드, 오스트리아, 프로이센 등을 굴복시켰고 새로운 지배지에는 자신의 일족을 원수로 앉힙니다. 게다가 권위와 후사를 원했던 나폴레옹은 아내 조제핀과 헤어져 오스트리아 황제 프란츠 1세의 장녀인 마리 루이즈와 새로 결혼했는데 이것도 지지를 잃는 계기가 됐습니다.

075 프랑스 제국의 끝

　러시아가 대륙봉쇄령을 지키지 않고 영국으로 곡물 수출을 하고 있었다는 것을 알게 되자 나폴레옹은 러시아 공격을 결의합니다. 1812년 6월, 수십만의 대군을 이끌고 러시아의 제도帝都 모스크바를 목표로 합니다(러시아 원정). 그러나 타국 병사들도 포함된 혼성 부대였던 데다가 마을을 불태우고 후퇴하는 러시아군의 작전 앞에 전선戰線이 길어지고 보급도 여의치 않게 되었습니다. 게다가 맹렬한 한파까지 닥쳐 대패합니다. 이듬해인 1813년, 오스트리아, 프로이센, 러시아에 의한 동맹군과의 라이프치히 전투에도 패배하면서 동맹군이 파리까지 점령하게 되었습니다. 상황이 여기까지 이르자 전 외무대신이자 나폴레옹과 전부터 알던 사이였던 탈레랑을 수반으로 하는 임시정부가 수립됩니다. 동시에 황위는 폐지되고 나폴레옹은 실각했습니다. 이로써 제1제정은 막을 내립니다.
　나폴레옹에 관해서는 다양한 견해와 평가가 있습니다. 왕정을 부정하는 혁명 정부에서 올라온 인물임에도 불구하고 자신이 황제로 즉위했을 뿐만 아니라 신귀족의 제도화나 자신의 최측근을 각지의 국왕으로 앉히는 등 전시대적인 제도를 계승한 것에 대한 비판이 있습니다. 한편, 끝이 보이지 않았던 혁명을 끝낸 것을 비롯해 관료제를 정비하고 프랑스의 국가 체제를 재건했으며 근대적 법을 정비해 합리적인 사회 시스템의 초석을 마련했을 뿐만 아니라 유럽 각국에 국민·자유·인권이라는 사고방식을 침투시켰다는 일면도 있습니다.

칼럼 프랑스의 국기와 국가

혁명기의 사건을 계기로 만들어지다

트리콜로르라고 하면 프랑스어로 '삼색의'라는 의미인데 지금은 프랑스 국기를 가리키는 말이 됐습니다. 파란색(남색)은 '자유', 백색은 '평등', 적색은 '박애'를 나타내 배색됐다는 설명도 있지만 이는 후세에 만들어진 해석이라고 여겨지고 있습니다.

유력한 설로는 파리 시민들이 바스티유 요새를 습격한 다음 날 민병대 지휘관으로 선발된 라파예트가 빨간색과 파란색의 파리시 깃발의 한가운데에 부르봉 왕가를 상징하는 흰색(백합)을 넣은 삼색 기장을 고안한 것이 시초라고 전해집니다. 이 때문에 라파예트는 부르봉 왕조를 타도하려는 것이 아니라 왕조에 협조하려고 한 것이라는 이야기도 있습니다. 트리콜로르가 프랑스의 '국기'로 사용되기 시작하면서 나중에 공화국으로 독립한 나라들이 이 디자인을 도입했고, 이 때문에 국기가 삼색기인 나라가 많습니다.

프랑스 국기와 함께 프랑스 국가 '라 마르세예즈'도 잘 알려져 있습니다. '폭군의 피 묻은 깃발', '쓰러진 피가 우리의 밭을 적실 때까지'와 같은 과격한 가사도 등장하는 것으로 보아 부르봉 왕가의 타도를 목표로 하는 세력이 만들었다고 생각할 수도 있겠지만 그렇지 않습니다.

국가가 만들어진 1792년 당시, 오스트리아군이 국경인 라인강에 거의 다다르고 있었습니다. 이를 요격하는 혁명군을 고무할 목적으로 만들어진 군가가 〈라인군을 위한 군가〉입니다. 혁명기에 이 노래는 남부 도시 마르세유에서 온 의용병을 거쳐 파리에서도 널리 퍼졌고 이윽고 1879년에는 국가로 제정됐습니다. 〈라 마르세예즈(마르세유군의 노래)〉라고 불리는 것은 그 때문입니다.

프랑스 국기의 탄생

〈파리시 깃발〉

왼쪽이 '파란색',
오른쪽이 '빨간색'

〈부르봉 왕가의 깃발〉

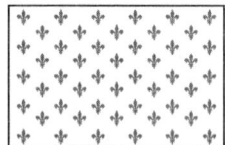

흰 백합 문장이
그려져 있다

〈프랑스 국기〉

· 왼쪽부터 '파란색', '흰색', '빨간색'
· 당초에는 각 색의 폭 및 순서가 다른 일도 있었지만 1795년에 지금 형태로 정착한다
· 최종적으로 1880년에 국기로 제정

프랑스를 대표하는 계몽사상가, 루소

민주주의를 제창하며 프랑스를 혁명으로 이끌다

태어나자마자 어머니를 잃고, 시계공인 아버지는 다른 곳으로 떠났기에 루소는 10살에 고아나 다름없게 됐습니다. 루소는 자신을 맡아 준 곳에서의 고된 생활을 견디다 못해 16세에 방랑의 길에 올랐고, 이후 한 남작 부인의 보호를 받으며 살게 되었습니다. 어린 시절부터 책을 읽는 것에 친숙했던 루소는 책을 통해 독학으로 지식을 쌓았고 30세 때 파리로 나가 음악 교사로 생계를 이어 가며 사교계에서 문화인들과 교류합니다. 그는 1750년 현상 논문 공모에 당선하여 유명세를 얻지만《사회계약론》이나《에밀》의 내용이 정부의 박해를 받는 바람에 프랑스를 잠시 떠납니다. 인간의 자유와 평등과 민주주의에 관한 루소의 논의는 그 사후에 일어난 프랑스 혁명에 큰 영향을 주었습니다. 루소는 말년에도 정착하지 않은 채로 생을 마감했고 현재는 프랑스의 위인들이 잠들어 있는 파리의 영묘 '판테온'에 묻혀 있습니다.

Chapter 7

변화하는 정치 체제

076 나폴레옹의 백일천하

나폴레옹 실각 후 그레이트브리튼 및 아일랜드 연합 왕국(영국), 러시아 제국, 프로이센 왕국 등 각국 대표자들은 오스트리아 제국의 수도 빈에 모여 나폴레옹 전쟁의 사후 처리를 논의하는 '빈 회의'를 개최합니다. 목적은 프랑스를 혁명 이전의 체제로 되돌리고 각국 왕조들의 국제 정치 주도권을 회복하여 각 국가의 역학 관계 균형 유지를 도모하는 것이었습니다. 이는 '빈 체제'라고 불립니다.

그리하여 프랑스에서는 1814년 5월, 국외로 망명하여 반혁명 운동을 전개하고 있던 루이 16세의 남동생인 프로방스 백작이 귀국하여 루이 18세로 즉위하면서 부르봉 왕조가 부활합니다. 이를 '제1차 복고왕정'이라고 합니다. 하지만 그렇다고 백성들이 순순히 왕정을 다시 받아들일 리는 없었습니다.

이러한 국민의 목소리를 들은 나폴레옹은 실각 후 유배된 엘바섬을 탈출. 저항다운 저항도 받지 않고 1815년 3월에 파리에 들어가 정권을 빼앗고 복위합니다. 나폴레옹은 복위 후 즉시 대프랑스 동맹군에게 역습을 시도했지만 지금의 벨기에에서의 워털루 전투에서 패해 같은 해 7월에 다시 남대서양에 있는 영국령 세인트헬레나섬으로 유배됩니다. 나폴레옹의 일시적 복권은 약 3개월이었기 때문에 '백일천하'라고 합니다. 그 후 1821년 나폴레옹은 세인트헬레나섬에서 사망하여 매장됐습니다. 그리고 약 20년 후인 1840년, 국민의 요청을 받은 국왕 루이 필리프의 동의로 시신이 옮겨져 센강 변에 있는 앵발리드 부속 교회의 석관에 안치됐습니다.

077 제2차 복고왕정

백일천하 후 피난을 떠났던 루이 18세가 다시 한번 파리로 돌아오면서 '제2차 복고왕정'이 시작됩니다. 복고왕정은 프랑스 혁명 이전의 왕정을 그대로 재현한 것이 아니라 헌법에 따라 국왕의 권력을 제한한 입헌군주정이었고 혁명 때 귀족들로부터 몰수한 영지와 재산도 완전히 회복되지 않았습니다.

의회는 혁명 이전부터 대대로 귀족이었던 인물들과 새롭게 귀족으로 인정받은 인물들로 이루어진 상원(귀족원), 그리고 국민으로부터 선거로 선출된 의원들로 이루어진 하원(대의원)의 양원제로 구성되었습니다. 다만 선거권과 피선거권은 고액 납세자로만 제한돼 3천만 명의 국민 중 투표에 참여할 수 있었던 사람은 9만 명에 불과했습니다. 총리나 각료는 의회의 다수파가 된 정당에서 선출되는 의원내각제가 아니라 국왕이 임명했습니다. 복고왕정에서 초대 수상이 된 것은 프랑스 혁명 시기부터 유력 정치가였던 탈레랑입니다.

복고왕정기에는 일부 귀족과 가톨릭교회 성직자들이 극단적으로 보수적인 초왕당파 ultra-royalist를 형성해 의회 안팎에서 귀족과 교회의 특권 부활을 주장했습니다. 1815년 8월 하원 선거에서는 초왕당파가 승리했지만 루이 18세는 선거권이 없는 국민의 반발을 두려워해 의회를 해산시키고 온건한 중도 정책을 폈습니다. 그러나 1820년에 루이 18세의 조카에 해당하는 베리 공작이 부르봉 왕조를 싫어하는 나폴레옹 지지자(보나파르티스트)에게 암살당했고 보복 감정이 고조되면서 초왕당파가 급속히 발언력을 높였습니다.

078 다시 왕위에서 쫓겨난 부르봉가

1824년 루이 18세가 죽자 그 남동생인 아르투아 백작(베리 공작의 아버지)이 샤를 10세로 즉위합니다. 샤를 10세는 초왕당파에 동조하여 다시 가톨릭을 국교로 정하고 국민에게 기독교적 도덕관을 강요하려 했습니다.

이 시기 시민 계급 작가인 스탕달은 소설 《적과 흑》에서 죽은 나폴레옹을 영웅시하는 가난한 청년을 그렸는데 옛 귀족이나 성직자 등 보수파에 불만을 품은 사람들의 감정을 생생히 묘사했습니다. 실제로 상공업에 종사하는 시민 계급 사이에서는 샤를 10세의 반동적인 정책에 대한 반발이 팽배했습니다. 그 대표적인 예가 목수의 아들에서 프랑스 은행 총재까지 된 라피트입니다. 그는 자유주의 신문 '나시오날'을 후원하면서 '국왕은 군림하되 통치하지 말라'는 영국형 의회정치를 주창했습니다.

이러한 국내 상황을 우려한 샤를 10세는 국민의 눈을 밖으로 돌리고자 알제리의 중요지인 알제를 다스리는 태수와 프랑스 영사의 충돌을 계기로 삼아 1830년 6월에 알제리를 침공합니다. 이 침공으로 프랑스는 알제리를 점령하고 알제리 일부를 프랑스령으로 했습니다. 이는 이후 19세기를 거치며 프랑스가 추진한 북아프리카 식민지화의 첫걸음이 됩니다.

샤를 10세는 알제 정복으로 국민의 지지를 얻을 수 있을 것으로 생각했지만 직후 선거에서는 국왕에게 비판적인 세력이 다수의 의

석을 차지했습니다. 1830년 7월 위기감을 품은 샤를 10세는 하원 해산을 비롯해 언론 자유 정지와 선거권 제한 등 억압적인 내용의 칙령(7월 칙령)을 발표합니다. 그러자 이 왕령에 반발하는 파리의 민중들이 부유한 시민 계급(부르주아지)의 주도 아래 항의 활동을 일으켜 시가전으로 발전, 왕궁이 점거됩니다.

당황한 샤를 10세는 국민에게 인기가 없었던 루이 앙투안이 아니라 손자 앙리 다르투아에게 왕위를 물려주고 사태를 진정시키고자 했으나 좀처럼 쉽지 않아 영국으로 망명합니다. 그리고 부르봉가의 직계를 대신해 루이 14세 남동생의 혈통에 해당하는(113페이지 표 참조) 오를레앙 가문의 루이 필리프가 1830년 8월, 의회로부터 '프랑스인들의 왕' 칭호를 받고 왕위에 오르면서 '오를레앙 왕조'가 시작됩니다. 이 일련의 시민 봉기와 정변을 '7월 혁명'이라고 합니다. 화가 들라크루아가 그린 <민중을 이끄는 자유의 여신>은 이 7월 혁명을 모티브로 한 회화입니다.

079 신왕정은 '연회'로 무너졌다

　루이 필리프는 거물 귀족이지만 프랑스 혁명에 의한 시민 계급의 정치 참여와 권리 확대에 대해 이해를 표해 왔기에 이전부터 라피트 등 시민 계급의 유력자들에게 지지를 받았던 인물이었습니다. 그런 루이 필리프의 치세는 '7월 왕정(오를레앙 왕조)'으로 불리며 계속 입헌군주정으로 하원(대의원)과 상원(귀족원)으로 구성된 양원제를 취합니다. 선거 자격에 필요한 납세액이 인하된 결과 유권자 중 재력을 갖춘 은행가와 도시 자영업자, 농촌 지주 등의 비율이 높아지고 구 귀족이나 성직자의 정치적 영향력은 감소했습니다.
　부유한 시민들이 늘어나고 복고왕정 시대보다 자유로운 풍조가 확산하자 시민들의 문화도 발달합니다. 여성의 지위 향상을 주창한 문학가 조르주 상드, 러시아 제국 지배하의 폴란드에서 파리로 이주한 음악가 쇼팽 등 자유로운 감정을 표현하는 낭만주의 문학가와 예술가가 많이 활약했습니다.

　프랑스의 산업혁명도 이 시기부터 시작됩니다. 1832년에는 리옹 근교에서 철도가 개통됐고 5년 후에는 파리 근교에서도 철도가 개통됐습니다. 이러한 공업의 발전과 함께 가난한 농민의 상당수가 도시로 유입되어 공장 노동자가 됩니다. 이들의 생활 환경은 열악했는데, 비위생적인 구역에서 거주하게 됐으며 낮은 임금으로 하루에 십여 시간의 중노동을 부과받았습니다. 게다가 선거권은 고액 납세자에게만 한정되어 있었기 때문에 정치에 참여할 수도 없었습니다.

이러한 하층 노동자의 환경 개선을 위해 사회적 불평등을 바로잡을 것을 주창하는 사회주의 사상이 확산합니다. 예를 들어, 사회주의자 생시몽은 기업을 운영하는 자본가는 노동자와 협력해야 한다고 하며 근대적인 도시 개발로 대중의 삶을 향상시킬 것을 주창했는데 그의 사후에도 많은 지지자가 나왔습니다.

1840년대 유럽 전역에는 한랭 기후가 들이닥칩니다. 프랑스에서도 주식인 밀과 농작물의 흉작이 계속되어 농촌과 도시를 막론하고 빈곤층의 불만이 증대됐습니다. 정부에 불만을 가진 시민들 사이에서는 하층 노동자나 농민들에게까지 선거권을 확대할 것을 요구하는 목소리가 높았지만 정부는 시민들의 정치적 집회를 제한했기 때문에 파티라는 명목으로 정부에 비판적인 사람들이 모이는 '개혁 연회'가 유행했습니다. 그러나 총리인 기조는 시민들이 요구하는 선거권 확대에 응하지 않고 1848년 2월 개혁 연회를 금지했습니다. 격노한 파리 민중은 대규모 폭동을 일으키고 이것이 '2월 혁명'으로 발전합니다.

080 유럽 각국에 튄 정변의 불씨

 2월 혁명으로 봉기한 시민들이 시청사와 정부 기관을 점거하면서 루이 필리프는 퇴위하고 7월 왕정은 무너졌습니다. 이후 현재까지 프랑스에서 왕정은 부활하지 않았고 루이 필리프가 마지막 국왕이 됩니다.

 붕괴한 지 얼마 되지 않아 왕정을 부정하는 공화주의자들을 중심으로 한 임시정부가 출범하면서 '제2공화정'이 성립됩니다. 임시정부 각료는 법률가 뒤퐁 드 뢰르, 작가 라마르틴 등 부르주아지가 다수를 차지했고 노동자 계급을 대표하는 사회주의자 루이 블랑 등도 참여했습니다. 임시정부는 가난한 노동자들에게 일자리를 주는 국립작업장을 설치한 한편, 21세 이상의 남성 모두에게 선거권을 주는 보통 선거, 장시간 노동 제한(파리에서는 하루 10시간, 지방에서는 11시간까지), 언론·집회의 자유 등의 개혁을 진행했습니다.

 1848년 2월 혁명으로 유럽 각국에 불똥이 튀었고 오스트리아 제국에서는 외무장관과 총리로 빈 체제를 주도했던 메테르니히가 실각했습니다. 프로이센 왕국이나 바이에른 왕국 등 다수의 국가가 분립하고 있던 독일어권에서는 독일의 통일과 국민의 정치 참여를 요구하는 운동이 활발해집니다. 마찬가지로 소국이 분립하고 있던 이탈리아반도에서도 이탈리아의 통일과 국민의 정치 참여를 요구하는 운동이 확산했습니다. 같은 해 사상가 칼 마르크스는 노동자 계급이 단결해 정권을 맡을 것을 주창하는 《공산당 선언》을 집필

해 큰 반향을 일으킵니다. 이러한 다양한 면에서 1848년은 프랑스 뿐만 아니라 유럽 역사에 기념비적인 해가 됐습니다.

프랑스 국내에서는 혁명 후인 4월에 선거가 시행됐지만 880개의 의석 중 개혁적 공화주의자는 100석에 미치지 못했기에 보수적인 귀족이나 대지주가 의회의 다수를 차지합니다. 과격한 사회주의자는 체포됐고 루이 블랑도 실각했습니다. 6월에는 국립작업장이 폐지되고 불만을 품은 노동자들이 봉기하지만(6월 봉기) 진압됩니다.

081 예상 밖의 초대 대통령

1848년 11월에는 제2공화정 헌법이 공포되어 국민투표로 선출된 대통령이 각료를 임명하는 미국형 대통령제가 도입됐고 그다음 달에 대통령 선거가 치러졌습니다. 프랑스 역사상 국민 선거로 국가 원수가 결정된 것은 이것이 처음이었습니다. 후보 중에서는 군 지휘관으로 6월 봉기를 진압한 카베냐크, 임시정부 외무장관을 지낸 라마르틴의 당선이 유력하게 거론됐습니다. 그런데 예상을 뒤엎고 황제 나폴레옹의 조카인 루이 나폴레옹이 74%의 표를 얻어 당선됩니다.

루이 나폴레옹은 나폴레옹의 동생이자 네덜란드 왕이었던 루이의 아들로 태어났습니다. 나폴레옹 일족이 실각한 이후, 스위스나 영국 등 국외를 전전하면서 프랑스 내에서 왕정에 불만을 품은 사람들과 연계해 정권 탈취를 도모했고 2월 혁명의 발발 후 프랑스로 귀국합니다.

사실 7월 왕정 시대에는 그 전 복고 왕정에 대한 반발과 프랑스를 강국으로 만든 업적으로 국민들 사이에서 나폴레옹이 재평가됐고 루이 나폴레옹에게는 순풍이 불었습니다. 게다가 루이 나폴레옹은 사회주의의 영향을 받아 《빈곤의 멸종》이라는 저서에서 가난한 농민과 노동자를 세금으로 구제하는 정책을 주창했기 때문에 빈곤층 사이에서도 루이 나폴레옹에게 기대하는 목소리가 높아졌습니다.

하지만 최초의 프랑스 대통령이 된 루이 나폴레옹은 오랫동안 국외에 있었기 때문에 정계에 유력한 지지 세력이 없었고 이로 인해 정부의 요직은 7월 왕정 시대의 정치가와 군인이 차지했습니다. 정부에 비판적인 세력은 탄압을 받아 다시 언론과 집회의 자유는 제한됐고 일자리를 전전하는 탓에 장기간 정착해서 살지 못하는 노동자들은 선거 자격을 박탈당했습니다.

제2공화정 헌법에서는 대통령의 임기를 4년으로 하고 재선을 금지했습니다. 1851년 12월 대통령 임기 만료가 1년 앞으로 다가오면서 정부 및 의회 보수파와 험악한 관계가 이어지던 루이 나폴레옹은 쿠데타를 일으켜 의회를 해산시키고 자신에게 적대적인 세력을 체포하도록 했습니다. 그리고 선거권에서 정주 제한을 폐지하고 노동자 계급의 지지 아래 국민투표에서의 신임을 받아 헌법을 개정합니다. 새 헌법에서는 의회에 대한 대통령의 권한이 강화되고 임기도 10년으로 연장됐습니다.

082 국민투표로 부활한 제정

루이 나폴레옹은 반대파의 언론 활동을 규제하는 한편 노동자들을 위해 주택을 건설하는 등 복지정책에 힘써 빈곤층의 마음을 사로잡았고 나아가 자신과 황제 나폴레옹의 위업을 오버랩시키는 선전을 펼쳤습니다. 그리고 1852년 11월, 황제 즉위를 묻는 국민투표가 치러졌고 96% 이상의 찬성표를 획득합니다. 다음 달 루이 나폴레옹은 나폴레옹 3세로 황제에 즉위했고 '제2제정'이 시작되면서 제2공화정은 끝이 났습니다. 참고로 황제 나폴레옹의 아들이었던 나폴레옹 2세는 아버지의 실각 후 2주 동안만 제위에 오른 뒤 외가의 조국인 오스트리아로 피신하여 1832년에 병으로 사망했습니다.

제2제정은 제1제정과 마찬가지로 삼원제로 구성되어 원로원(상원), 입법원(하원), 국무원이 존재했지만 나폴레옹 3세에게 권력이 집중됐고, 나아가 삼원에서 유일하게 남자 보통 선거에서 의원이 선출되는 입법원의 권한은 다른 양원과 비교하여 제한돼 있었습니다. 그래도 제2제정은 1870년까지 지속하여 전반인 1860년까지는 '권위제정', 후반은 '자유제정'으로 통칭합니다. 전반기에는 보통 선거 등 국민의 권리를 보장하면서도 행정 권력은 황제 정부가 독점했습니다. 후반기에는 시민 계급의 지지를 기대하며 언론과 집회의 자유를 완화합니다. 정부에 비판적인 공화주의자들이 의회에서 세력을 확장했습니다.

083 인프라를 구축하다

나폴레옹 3세는 생시몽주의의 영향을 받았습니다. 산업혁명이 진행되던 영국을 본보기로 대규모 공장 건설과 교통망 정비 등을 정부 주도로 추진해 은행가와 부유한 시민들의 공장과 철도 투기가 활발해집니다. 제2제정의 약 20년간 철도의 총거리는 5배로 늘어나 프랑스 전역으로 퍼졌습니다.

공장에서는 섬유나 금속 제품이 대량 생산되어 의류나 일용품의 종류도 풍부해지고 파리에서는 다양한 상품을 전시하는 쇼윈도를 갖춘 상가나 백화점이 멋과 쇼핑을 즐기는 사람들로 붐볐습니다. 또한 교통망의 발전으로 도시에는 많은 양의 식자재와 와인이 유입되어 풍부한 식문화가 형성됩니다.

파리는 19세기를 거치며 인구가 급증하지만 중세 이래의 비위생적이고 지저분한 거리가 남아 있었습니다. 그래서 나폴레옹 3세는 파리가 위치한 센 지역의 지사 오스만에게 대규모 재개발(파리 개조)을 명령합니다. 주변으로 확대된 시내에는 폭이 넓은 직선 도로망이 새로 깔리고 상하수도가 완비됐습니다. 현재 파리의 거리는 이 대개조에서 시작되었다고 할 수 있습니다.

책이나 신문, 잡지 등의 대중 매체도 발달합니다. 1862년에는 작가 위고가 나폴레옹 사후부터 7월 왕정기에 일어난 6월 폭동까지를 시대 배경으로 그린 소설 《레미제라블》을 발표했습니다. 그 밖에도 《삼총사》를 포함한 3부작으로 구성된 《달타냥 이야기》와

《몬테크리스토 백작》을 저술한 작가 뒤마, 《씨 뿌리는 사람》 등의 회화로 알려진 화가 밀레, 대담한 누드화인 《올랭피아》를 그린 마네 등은 이 시기 프랑스를 대표하는 문화인들입니다.

자연과학 분야에서도 예방접종을 세상에 널리 퍼뜨린 세균학자 파스퇴르, 《곤충기》를 낸 박물학자 파브르 등이 활약했습니다.

084 제정, 또다시 붕괴

　나폴레옹 3세는 외교 정책에서 나폴레옹 1세의 실패를 교훈 삼아 영국과 우호 관계를 맺고 수출입 관세를 인하하여 무역을 확대했습니다. 1853년 러시아 제국과 오스만 제국 사이에 크림 전쟁이 일어나자 러시아의 세력 확대를 두려워하는 영국과 함께 오스만 제국의 편에 서서 참전하여 승리를 거뒀습니다. 이어 이탈리아 통일을 도모하는 사르데냐 왕국을 지원하고, 사르데냐와 오스트리아와의 전쟁(이탈리아 통일 전쟁)에도 군사를 파견하여 프랑스의 국제적 영향력을 높였습니다. 그러나 중미에서의 세력 확대를 목표로 한 멕시코 출병은 실패로 끝납니다.

　같은 시기 프랑스의 이웃 나라인 프로이센 왕국이 독일어권 국가들의 통일을 추진하는 가운데 1866년 오스트리아에 선전포고를 하고 전투(프로이센-오스트리아 전쟁)에서 승리합니다. 프로이센의 요청을 받아들여 중립을 유지한 대가로 프랑스는 라인강 서안 지역의 양도를 요구했지만 프로이센 총리 비스마르크는 거부했습니다. 게다가 프랑스의 뜻과 달리 프로이센이 스페인 왕국의 왕위 계승 문제에 개입함으로써 프랑스와 프로이센의 관계는 급격히 악화했습니다.

　결국 1870년 7월 보불전쟁(프로이센-프랑스 전쟁)이 일어납니다. 용의주도하게 전쟁 준비를 진행하고 있던 프로이센군에 비해 프랑스군은 뒤처졌고, 게다가 바이에른 왕국이나 바덴 대공국 등 독일어권의 다른 나라들도 프로이센군 편에 섭니다. 전투에서 우위를 점한 프로이센군 앞에 나폴레옹 3세가 전선에 서지만 프랑스군은 패해 항복합니다. 황제가 포로가 되면서 제2제정은 붕괴하죠. 이후 프랑스에서 제위에 오른 인물은 현재까지 없습니다.

황제가 없는 파리는 무정부 상태에 빠져들지만 군 지도자나 온건한 공화주의파 의원들은 파리에서 혁명이 일어나는 것을 피하면서 프로이센과 전투를 지속할 것을 도모하며 9월에 '국방 정부(임시 정부)'를 성립시켰습니다. 하지만 이듬해 1월 파리는 프로이센군에게 포위당했고, 그 가운데 프로이센 국왕 빌헬름 1세는 베르사유 궁전에서 오스트리아 이외의 독일어권 국가들을 통합한 독일 제국의 성립을 선언했습니다.

085 끝나지 않은 정치적 혼란

1871년 2월, 7월 왕정 시대에 총리 경험이 있는 오를레앙파의 티에르가 국방 정부 수반으로 취임하여 독일 제국과 임시 강화 조약을 맺습니다. 그런데 강화 조건에는 거액의 배상금 지급 및 프랑스 북동부의 알자스로렌 지방 등의 양도가 포함되어 있었기 때문에 국민의 대부분은 반발했습니다.

강화에 반대하는 파리 시민들은 국방 정부와 별도로 노동자 계급 대표를 포함한 '자치 정부(파리 코뮌)'를 수립합니다. 세계 최초의 사회주의자를 포함한 혁명 정권이라고 하지만 정전을 서둘렀던 티에르 등은 독일군의 묵인 아래 자치 정부를 탄압했고, '피의 1주일'이라고 불리는 시가전을 거쳐 5월에 자치 정부는 궤멸했습니다.

국방 정부는 강화 조약에 정식 조인했고, 8월에는 의회에 의해 티에르의 대통령 취임이 결정됩니다. 이어 1875년에 새로운 헌법(제3공화국 헌법)이 제정되고 '제3공화국'이 수립됐습니다. 이 헌법에서는 독재적인 권력 집중을 막기 위해 행정부와 입법(법률의 입안과 결정)을 담당하는 의회, 사법(법률의 정당성 판단)을 담당하는 법원을 독립시키는 '삼권 분립'이 명기됩니다. 의회는 상원(원로원)과 하원(대의원)의 양원제로 제2공화정과 달리 대통령은 상·하원 의원에 의해 선출되고 행정부는 의회 의원 중에서 선출되는 '의원내각제'가 기본이 됐습니다.

프랑스에서는 1789년 혁명 이후 수년에서 십수 년 사이에 정치 체제가 바뀌는 일이 반복돼 왔지만 제3공화국은 약 70년간 계속됩니다. 하지만 그렇다고 정권이 안정되지는 않습니다. 부유한 시민을 대표하는 공화주의자인 우파(보수파)와 좌파(개혁파), 나아가 급진적인 사회주의자, 귀족이나 성직자를 중심으로 한 레지티미스트(부르봉 왕조의 부활을 주창하는 세력), 오를레아니스트(오를레앙 왕조의 부활을 주창하는 세력), 보나파르티스트(나폴레옹 일족의 제정 부활을 주창하는 세력) 등이 뒤엉켜 정계에서는 소당파가 난립하고 내각의 교체가 잇따릅니다.

086 프랑스인의 결속과 그림자

제3공화정에서는 기존의 국왕에 대한 충성 및 가톨릭 신앙을 대신하는 형태로 신분이나 지역의 차이를 넘어 국민의 일체감을 만들어 내기 위해 모든 계층을 대상으로 하는 의무 교육이 진행됐습니다. 당시 서부의 브르타뉴나 남부의 프로방스 등 각 지역에 따라 프랑스어가 아닌 다른 언어도 사용되고 있었지만, 학교 교육이나 전국적인 출판물의 보급으로 인해 19세기 말에는 전국적으로 통일된 프랑스어가 확산합니다.

다만 프랑스 국민의 일체화가 진행되는 반면 외국 출신자를 적대시하는 배외적 내셔널리즘도 대두됐습니다. 그 대표적 사례라고 할 수 있는 것이 19세기 말 프랑스 여론을 떠들썩하게 한 '드레퓌스 사건'입니다.

1894년 유대계 육군 대위 드레퓌스가 독일 스파이로 체포됩니다. 2년 후에는 군 내부에서 드레퓌스의 무죄가 판명되지만 그 사실은 은폐되었습니다. 애국심을 강하게 호소하는 군 및 정치권 보수파 사이에서는 종교와 문화가 다른 유대인에 대한 차별의식이 뿌리 깊었기 때문입니다. 유명 작가 졸라를 비롯해 많은 인권과 문화인과 정치인의 호소에도 판결은 바뀌지 않았습니다. 결국 1899년에 이르러서야 드레퓌스는 사면됐고 그로부터 7년 후에야 무죄가 확정됐습니다.

19세기에 정치권은 구 지배층과 유명인층, 일부 신흥 경영자 측, 그리고 신흥 시민층과 노동 대중이라는 계층 대립에 중소 농민들이 얽힌 복잡한 양상이었습니다. 또한 우파 사이에서는 드레퓌스 사건을 계기로 유대인 등 외국과 연결되어 있다고 간주한 세력을 적대시했고 계층을 넘어 프랑스인의 결속을 주창하는 주장이 대중에게도 침투됩니다. 동시에 이러한 움직임에 대항하는 형태로 인종이나 민족을 불문하고 사람은 모두 평등하다는 인권 사상이 퍼졌습니다.

또한 근세 이래 프랑스에서는 많은 지역에서 가톨릭교회 성직자들이 초등 교육 교사를 겸했는데 제3공화국에서는 1880년대부터 교회와 정치 및 공교육의 분리가 진행됐습니다. 1905년에는 '정교분리법'이 제정되어 가톨릭교회의 우대는 폐지되었습니다. 정교분리의 원칙(라이시테)에 따라 현재까지도 프랑스에서는 국가가 특정 종교나 교회를 우대하지 않으며 신앙의 자유에 간섭하지도 않습니다.

087 해외 진출과 식민지

제2제정부터 제3공화정의 시대, 프랑스는 아시아, 아프리카, 오세아니아 등 세계 각지로 식민지를 넓힙니다. 1856년에는 영국과 함께 중국 대륙의 청나라를 공격(애로호 전쟁 또는 제2차 아편전쟁)하여 일시적으로 베이징을 점령하고 상하이와 톈진에 프랑스의 교역 거점을 마련했습니다. 또한 동남아시아에서 지금의 베트남, 캄보디아, 라오스에 해당하는 지역을 지배하에 두고 1887년에 '프랑스령 인도차이나'를 성립시킵니다. 이 밖에 남태평양의 뉴칼레도니아, 아프리카 대륙의 튀니지, 말리, 기니, 마다가스카르 등을 프랑스령으로 삼았습니다.

19세기 말부터 20세기 초의 주요 식민지 등

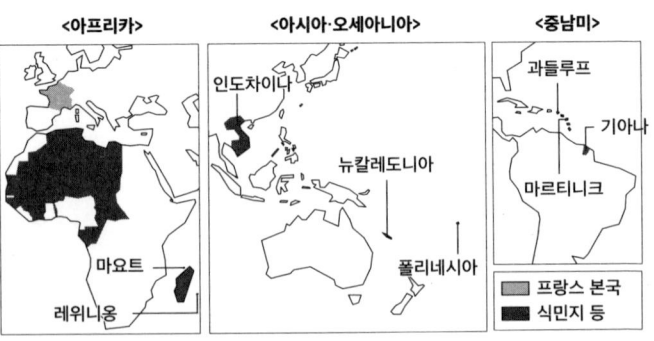

유럽과 미국에서는 공장이나 철도에 대한 투기가 너무 과열된 반동으로 1873년경부터 심각한 불황이 확산했습니다. 이 때문에

프랑스뿐만 아니라 영국과 독일 등 각국은 세계 각지를 지배하에 편입시키는 식민지 제국주의에 따라 해외의 값싼 노동력과 자원을 손에 넣고 교역과 투자의 확대 및 자국 상품을 판매할 새로운 시장을 개척하고자 했습니다. 프랑스의 제3공화정에서는 '자유·평등·박애'가 국가의 기본 원칙으로 여겨졌는데 이 이념은 20세기 중반까지 아시아인이나 아프리카인에게는 적용되지 않았고 오히려 '미개한 지역을 문명화한다'는 사고방식으로 식민지 제국주의를 정당화했습니다.

088　기술과 문화를 꽃피우다

　유럽의 불황은 1890년대까지 계속되지만 이 기간에도 프랑스에서는 공업 기술 및 문화가 발전해 갔습니다. 예를 들어, 건축가 에펠은 프랑스 혁명 100주년인 1889년에 열린 제4회 파리 만국박람회의 기념 구조물로 높이 300m가 넘는 '에펠탑'을 설계 및 건설했습니다. 프랑스 시민들이 미국에 기증한 '자유의 여신상' 설계에도 에펠이 참여했습니다. 도시에서는 점차 전등과 전화가 보급되고 1900년에는 파리에서 지하철이 개통됐습니다.

　1895년에는 뤼미에르 형제가 시네마토그래프(화면에 투영하는 영화)를 발명하고 작품을 공개합니다. 관객들은 사진이 움직이는 것에 굉장히 놀랐다고 합니다. 파리에는 색채가 풍부한 인물화를 많이 남긴 화가 르누아르, 〈생각하는 사람〉 등으로 유명한 조각가 로댕, 네덜란드 출신으로 개성적인 화풍이 사후에 높은 평가를 받

은 고흐 등 많은 예술가가 프랑스 안팎에서 모여들었습니다. 문학에서도 풍경과 내면을 조화시킨 시를 많이 남긴 랭보, 추리 소설 《아르센 뤼팽》 시리즈로 많은 세계적인 인기를 누린 르블랑 등 다양한 작가가 등장했습니다.

1903년 앙리 베크렐과 퀴리 부부는 방사선에 관한 연구를 인정받아 노벨 물리학상을 수상합니다. 앙리 베크렐과 피에르 퀴리는 파리 출신이지만 피에르의 아내 마리(퀴리 여사)는 폴란드 출신입니다. 학업을 위해 파리 소르본 대학에 들어가 노벨상을 수상한 후에는 여성 최초로 교수직에 취임합니다. 사후에는 영묘인 판테온에 묻혔습니다.

1910년경부터는 다수의 고급 주문복이 출전하는 패션쇼인 '파리 오트 쿠튀르 컬렉션'이 시작됐고 이것이 현재까지 계속 이어지고 있는 '파리 컬렉션'으로 발전합니다. 최신 패션의 발신지라는 파리의 이미지는 이 시기부터 확립되었다고 할 수 있습니다. 이러한 문화적 풍요로움 때문에 장기 불황을 벗어난 19세기 말부터 20세기 초의 프랑스는 '벨 에포크(아름다운 시절)'라고 불립니다.

칼럼 | 파리 중심가의 역사적 건물

다양한 형태로 이용되고 있는 궁전

다양한 역사의 무대가 된 파리는 제2제정기에 20개의 구가 정해져 지금의 모습이 됐습니다. 최초로 시가지가 구축된, 센강에 떠 있는 시테섬의 서쪽과 그 강 건너 일대를 제1구로 하여 시계방향으로 나선을 그리듯 각 구가 나란히 있습니다.

한편, 파리에는 역대 프랑스 왕족·황족들이 생활했던 궁전들이 많이 남아 있는데 현재는 다른 역할로 이용되고 있습니다. 예를 들어, 18세기 전반에 지어진 뤽상부르 궁전(제6구)은 상원 의사당, 18

파리 중심가

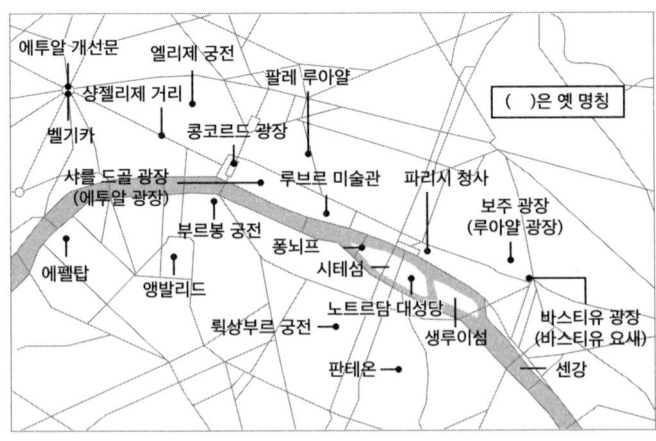

파리의 중심가. 베르사유 궁전은 여기서 남서쪽으로 약 20km, 퐁텐블로 궁전은 여기서 남동쪽으로 약 70km에 위치한다.

세기 전반에 지어진 부르봉 궁전(제7구)은 하원 의사당, 동일하게 18세기 전반에 지어진 엘리제 궁전(제8구)은 대통령 관저로 이용되고 있습니다. 루이 14세가 유년기를 보낸 팔레 루아얄(제1구)에는 헌법평의회나 국무원 등이 들어가 있습니다. 정부 기관 이외로는 유명한 루브르 박물관(제1구)이 있습니다. 13세기부터 궁전으로 사용되다가 프랑스 혁명기에 박물관으로 리모델링됐습니다.

16세기에 지어진 튀일리 궁전은 왕궁과 의회로 사용된 후 1871년 파리 코뮌 내전으로 불에 타 해체되어 정원이 됐습니다. 프랑스 혁명의 시작 장소인 바스티유 요새(제4구, 제11구, 제12구 경계선에 위치) 자리는 '7월 혁명 기념비'가 서는 큰 광장이 됐습니다. 나폴레옹이 세운 에투알 개선문(제8구)이 선 샤를 드골 광장에서 방사형으로 뻗어진 길 중 콩코르드 광장으로 뻗은 것이 바로 아름다움으로 유명한 샹젤리제 거리입니다.

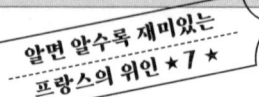

산업혁명 속에서 근대 SF를 탄생시킨 쥘 베른

20세기의 수많은 과학 기술을 예견하다

근대적인 SF(공상과학소설)를 확립한 쥘 베른은 모험을 동경하여 12세 때 뱃사람이 되려고 가출했지만 실패했다고 합니다. 성인이 된 후에는 증권거래소에서 일하면서 작가를 꿈꿨습니다. 당시에는 과학 기술이 빠르게 발달하면서 미지의 지역 탐험이 추진되고 있었습니다. 이러한 상황 속에서 쥘 베른은 1860년대부터 《지저 여행》, 《80일간의 세계 일주》, 《달세계 여행》, 《해저 2만리》 등의 작품을 발표했습니다.

베른이 작품 속에서 그린 거대한 잠수함이나 비행선, 우주여행 기술 등은 19세기에는 실재하지 않았지만 면밀한 고찰을 바탕으로 쓰인 것으로 후세에 등장하는 과학 기술의 모델이 되기도 했습니다. 《해저 2만리》에 등장한 잠수함 노틸러스호는 베른이 죽은 뒤 1954년 미국이 개발한 최초의 핵잠수함 및 소행성의 이름으로 붙여졌습니다.

★★★ Chapter 8 ★★★

대전 끝에

089 세계대전으로 잠깐의 일치단결

1870년 독일-프랑스 전쟁에서 패배한 이후 프랑스 공화국에는 독일 제국에 대한 보복 감정이 뿌리 깊게 남아 있었습니다. 프랑스는 독일을 협공하기 위해 러시아 제국과 1891년 협정을 맺고 1894년에는 군사동맹(러불동맹)으로 발전시킵니다. 또한 20세기 초에는 프랑스와 그레이트브리튼 및 아일랜드 연합왕국(영국) 사이에 아시아 및 아프리카에서 식민지를 만들고자 하는 경쟁이 진정되고 양국의 세력권이 거의 확정됐습니다. 또한 프랑스와 영국 사이에 세력을 확장하는 독일이 공통의 적으로 부상했기에 1904년에 '영불협상'이 성사됩니다. 러시아는 같은 시기 러일전쟁에서 패한 후 영국에 동조하는 외교 방침을 취했는데 1907년에는 영러 협상이 체결됐고 프랑스, 영국, 러시아에 의한 동맹 관계 '삼국협상'이 성립

제1차 세계대전 전 각국의 관계

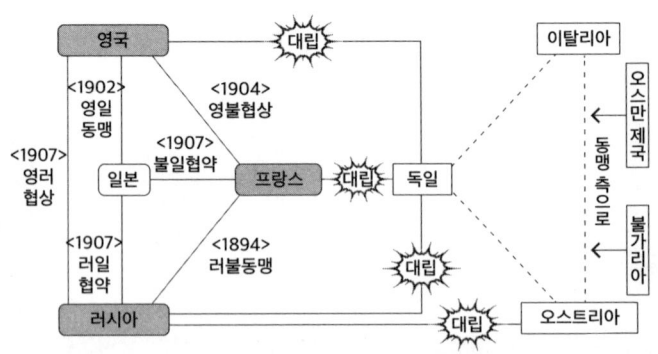

됐습니다. 반면 독일은 동유럽 발칸반도 패권을 놓고 러시아와 대립하던 오스트리아-헝가리 제국, 오스만 제국과의 협조를 추진합니다.

1914년 6월, 오스트리아의 황위 계승자 부부가 세르비아 청년에게 암살당한 사건을 계기로 다음 7월, 발칸 반도에서 같은 슬라브계의 러시아를 후원하고 있던 세르비아와 오스트리아가 전쟁을 시작합니다. 이 사태로 삼국협상을 중심으로 한 연합국과 독일·오스트리아를 중심으로 한 동맹국이 차례로 관여하게 됐고 제1차 세계대전으로 발전했습니다. 독일군이 중립을 선언한 벨기에를 거쳐 프랑스 서북부를 침공함에 따라 프로이센-프랑스 전쟁으로부터 40여 년 만에 프랑스 본토가 전란에 휩싸입니다. 정계에서는 보수 정당과 전쟁 반대를 주창하는 사회당 등 좌파 정당 간의 대립이 계속됐지만 침공한 독일에 대한 적의를 배경으로 내셔널리즘이 고조되고 전체 정당이 단결한 거국일치 내각 '신성 연합union sacrée'이 성립됩니다.

090 지난한 전쟁

당초 단기에 끝날 것으로 보였던 전쟁이 장기화하면서 대량의 병사를 한꺼번에 살상할 수 있는 기관총 등이 대대적으로 투입되고 전차와 전투기, 독가스 등 신무기가 차례로 사용됐습니다. 프랑스군은 전쟁이 시작된 지 불과 몇 달 만에 프로이센-프랑스 전쟁보다 많은 30만 명 이상의 전사자를 냈고 일시적으로 정부는 남서부 도시 보르도로 옮겨 갑니다. 프랑스 중심의 연합군과 독일군이 맞붙은 서부전선에는 총 거리가 수백 킬로미터에 달하는 참호가 만들어졌고 결국 양 진영에서 백만 명 단위의 전사자가 나왔습니다.

전선에 나선 군인뿐만 아니라 여성도 공장 노동과 식량 생산 등에 동원되어 국민이 모두 전쟁에 동원되는 총력전이 됐습니다. 대

량의 전사자와 물자 부족으로 프랑스 국민들 사이에는 비판적 분위기가 감돌았으며 1917년에 들어서자 노동조합과 사회당 내부에서는 전쟁에 협력하지 않을 것을 주창하는 목소리가 높아졌고 정권의 방향은 좀처럼 일치되지 않았습니다.

같은 해 11월, 중도 좌파의 급진 공화파가 정권을 잡았고 전 프랑스 총리로 대독일 강경파인 클레망소가 총리에 재임되어 전투를 계속할 것을 주창하는 세력만으로 정권을 재편합니다. 그는 직접 최전선을 시찰하는 등 전쟁에 대한 의지를 유지했습니다.

같은 시기 대전의 정세를 바꾸는 큰 움직임이 있었습니다. 대전의 영향으로 국민이 곤궁한 상황에 처한 러시아에서 혁명(러시아 혁명)이 일어났고 제정이 타도되어 공산당 정권이 성립됩니다. 1918년에는 독일과 단독 강화를 맺고 연합군에서 이탈합니다. 러시아 공산당은 그 후 1922년에 소비에트 사회주의 공화국 연방(소련)을 성립시킵니다.

또한 독일 해군이 연합국에 물자를 보내는 미국의 민간선을 차례로 공격한 것을 계기로 중립 입장이었던 미국이 연합국 측으로 참전합니다. 공업력이 뛰어난 미국의 참전으로 대전은 1918년 11월 연합국 측의 승리로 끝이 납니다. 독일에서는 대전 말기에 혁명이 일어나 제정이 붕괴하고 독일 공화국이 성립됩니다.

091 유럽 강대국끼리의 평화

1919년 1월, 대전에 참여한 각국 대표들은 전후 처리를 위해 베르사유 궁전에 모입니다. 프랑스의 대표는 클레망소였습니다. 이 자리에서 '파리강화회의(베르사유 강화회의)'가 열리고 전후 국제질서에 대해 정한 '베르사유 조약'이 체결되었습니다. 연합국 중에서도 독일에 쳐들어간 프랑스의 피해는 막대했습니다. 그만큼 독일에 강경한 자세를 취하여 프로이센-프랑스 전쟁에서 빼앗긴 알자스로렌 지방의 반환 외에도 거액의 배상금을 청구했습니다. 그러나 이것들은 독일 측의 혼란과 불만을 초래하여 훗날 제2차 세계대전의 한 원인이 됩니다.

강화회의 이듬해에는 각국이 평화적으로 대화하는 기구로 '국제연맹'이 출범했습니다. 프랑스 총리·외무장관을 지낸 브리앙은 미국과 유럽, 일본 등 15개국이 전쟁 포기를 결정한 '파리 부전조약'의 체결을 실현하게 한 공적으로 노벨 평화상을 수상합니다. 또한 브리앙은 유럽을 하나의 연방 국가로 만들 것을 제창합니다. 이 이념은 후에 '유럽연합(EU)'으로 이어집니다.

그러나 이러한 국제 평화 분위기는 강대국 간의 것으로 독일의 식민지는 프랑스나 영국 등의 전승국에 의해 분할되어 구미 열강에 의한 식민지 제국주의는 유지됐습니다. 이 때문에 대국의 지배에 불만을 품은 프랑스령 인도차이나와 영국령 인도 등 아시아 및 아프리카 각지에서는 독립운동이 확산합니다.

092 국민에게 미친 전쟁의 여파

전승국이 됐음에도 불구하고 제1차 세계대전 이후의 프랑스 경제는 심각했습니다. 이유는 공업지대가 파괴되고 특히 노동력이 부족했기 때문입니다. 일설에는 프랑스의 전사자 수가 해외에서 온 식민지 병사도 포함해 병사가 약 140만 명, 민간인은 약 30만 명으로 당시 인구(약 4천만 명)의 약 4퍼센트를 잃었다고 합니다. 게다가 종전 직전에는 유럽에서 인플루엔자(스페인 감기)가 대유행하여 병사자가 속출했습니다.

노동력 부족에 더해 국가 재정의 적자가 가중됐습니다. 전쟁 중 프랑스는 전비 조달을 위해 미국에 많은 채무를 지고 있었고 전쟁 전 러시아에 빌려준 채권은 러시아의 제정이 붕괴한 영향으로 회수할 수 없게 됩니다. 당연히 패전국인 독일도 곤궁한 상황이었기에 배상금 지급은 진행되지 않습니다. 그래서 프랑스는 1923년, 독일 서부의 광공업 지대 루르 지방을 일시적으로 점령하고 독일에 지급을 강요할 정도였습니다.

경제 침체로 국민의 생활이 악화하는 가운데 러시아에서 일어난 사회주의 혁명의 영향을 받아 노동자의 처우 개선과 사회 보장을 요구하는 운동이 활발해졌습니다. 그래서 1920년 12월 사회당에서 특히 급진적인 세력이 분리되어 다음 해에 프랑스 공산당이 성립됩니다. 1926년에는 우파·중도 정권의 총리 레몽 푸앵카레가 재정 재건과 자국 통화 '프랑'의 대폭적인 평가절하에 의한 무역 개선을 추진함으로써 경제는 가까스로 호전됐고 독일에 의한 배상 계획도 전망이 나왔습니다. 참고로 총리인 푸앵카레의 사촌이 수학자로 유명한 앙리 푸앵카레입니다.

평화가 찾아온 1920~1930년대에는 대중문화와 예술이 크게 발전했습니다. 건축에서는 개성적인 장식이 특징인 '아르데코 양식'이 유행합니다. 파리에는 화려하게 꾸민 가수와 댄서가 드나드는 물랑루즈 등 술집 및 카페가 사람들로 붐볐고 시인 브르통, 스페인 출신 화가인 피카소 등 문화인들이 모여 독창적 표현의 쉬르레알리슴 예술을 전파합니다.

093　세계 불황과 나치스의 등장

프랑스를 비롯한 유럽 각국이 대전으로 큰 피해를 본 반면, 전쟁터가 되지 않았던 미국은 경제 발전을 이루었습니다. 그런데 1929년, 미국 경제의 중심이라고 할 수 있는 뉴욕 주식시장에서 주가가 대폭락하게 됩니다. 이로 인한 영향은 각국에 연쇄적으로 확산하며 세계 공황이 됐고 많은 나라에서 투자도 무역도 부진하게 되어 불경기에 빠집니다.

프랑스는 불황의 영향을 억제하기 위해 자국과 식민지 이외의 무역을 자제함으로써 국익을 지키는 블록 경제라는 정책을 취했습니다. 하지만 이후에도 급진 사회당 중심의 정권은 효과적인 대책을 내놓지 못했고 각료의 스캔들까지 발각됩니다. 이로 인해 정부를 비판하는 민간 우익 단체의 폭동이 속출했고 의회에서는 우파와 좌파가 심하게 대립했습니다.

세계 공황은 패전국에도 부정적 영향을 미칩니다. 독일은 거액의 배상금을 안고 있던 데다가 국민들의 경기에 대한 불안감이 고조됩니다. 이러한 국민감정의 반영으로 1933년, 이민자의 배척을 주창하는 히틀러의 나치당(나치스)이 높은 지지를 얻어 정권을 획득하고 그 외의 정당을 배제한 독재 체제를 구축합니다.

나치스는 프랑스나 영국 등에 대한 대결 자세를 보였고 2년 후에는 베르사유 조약을 파기하고 재군비를 선언합니다. 위기감을 느낀 프랑스는 독일의 움직임을 견제하고자 소련에 접근해 '프스-소련 상호 원조 조약'을 맺지만 독일은 오히려 한층 더 강경한 자세로 1936년 3월 라인란트(라인강 연안 지방)에 군을 주둔시킵니다. 라인란트는 제1차 세계대전 후 한 번 프랑스에 점령되어 비무장지대로 여겨졌던 곳입니다.

독일에서 나치스가 독재 정권을 성립한 것을 위협으로 보고 좌파 세력의 주도권 다툼을 벌이던 사회당과 공산당은 협력 관계를 맺습니다. 이로써 1936년에는 사회당의 레옹 블룸을 수반으로 좌파 정당이 결집한 '인민전선 내각'이 성립됐습니다. 이전에도 좌파 정당이 정권에 참여한 적은 있었지만 인민전선 내각은 프랑스 역사상 최초로 합법적으로 성립된 사회주의 정당의 정권입니다.

노동조합을 유력한 지지 기반으로 한 인민전선 내각은 노동자의 대우 개선을 추진해 2주간의 유급휴가(바캉스) 제도를 법률로 정했습니다. 이 정책은 현대에도 이어졌고 5주 동안으로 연장되어 프랑스인들의 여행 사랑에 한몫하고 있습니다.

094 두 달 반 만에 함락된 파리

1930년대 후반 국제 정세는 프랑스나 영국, 미국 등 의회제 민주주의를 취하는 나라들과 독일의 나치스 정권 및 이탈리아에서 성립된 파시스트 정권과 같은 파시즘(국가주의 및 전체주의)을 내건 국가, 공산당 정권의 소련, 이 세 세력의 긴장 관계가 계속됩니다.

프랑스 정계는 독일과 또다시 전쟁하는 것을 피하고자 나치스 정권의 행동을 묵인한다는 외교 방침(유화 정책)을 취합니다. 자신감이 높아진 독일은 1938년 3월 오스트리아 공화국을 자국에 병합합니다. 프랑스 총리 달라디에와 영국 총리 체임벌린은 같은 해 9월 뮌헨 협정에서 독일이 더 나아가 체코슬로바키아의 주데텐란트 지방을 병합하는 것도 인정합니다. 그러나 이 판단이 사태의 악화를 초래합니다.

당시 독일은 서방의 프랑스뿐만 아니라 동방의 소련과도 대립 관계에 있었는데 1939년 8월 독일-소련 불가침 조약을 맺습니다. 소련의 위협을 회피한 독일은 같은 해 9월에 폴란드를 침공했습니다. 타협을 거듭하던 프랑스와 영국도 더는 그냥 넘어가지 못하고 독일에 선전포고합니다. 이렇게 제2차 세계대전이 발발했습니다.

폴란드를 점령한 독일은 이듬해에는 이탈리아, 일본과 군사 동맹을 맺는 한편 병력을 갖춘 다음 5월에는 프랑스를 침공합니다. 제1차 세계대전 후, 프랑스는 독일군의 침공을 예상해 독일과의 국경 지대에 장대한 방어 진지(마지노선)를 구축해 놓았지만 최신식

전차대와 항공대를 갖춘 독일군은 룩셈부르크 등 타국을 거쳐 예상외의 루트로 프랑스를 침공했고 불과 6주 만에 독일군이 파리에 다다릅니다.

프랑스 정부와 군의 상층부는 지난 대전에서 비참한 경험을 했기에 전투에 소극적이었고 정부는 6월 10일에 파리를 포기하고 남부 보르도로 옮겨 갑니다. 그리고 나이는 많지만 풍부한 경험으로 총리로 추대된 육군 원수 페탱은 6월 22일 독일군이 점령한 파리에서 독일과의 휴전에 응했습니다. 그러나 철저한 항전을 주창하는 육군 차관 샤를 드골 등 일부 프랑스 군인과 영국이 파견한 부대 등 잔존 병력은 영국으로 도망갑니다.

095 굴욕의 독일 점령 시대

파리를 포함한 프랑스 북부(국토의 3/5 지역)는 독일군 점령하에 놓여 약 70년 동안 계속된 제3공화국이 폐지되었습니다. 또한 비시를 수도로 하는 '프랑스국(비시 정권)'이 성립되어 독일을 추종하는 정책을 취합니다.

비시 정권의 원수가 된 페탱은 매우 복고적인 가치관의 소유자로 공화정의 '자유·평등·박애'라는 표어를 '근로·가족·조국'으로 바꿨고, 국민의 선거에 의한 의회와 노동조합을 폐지하고 가톨릭교회의 도덕관에 근거한 학교 교육의 부활과 국민의 근로 동원을 촉구했습니다.

당시 프랑스 정계의 우파 세력 중에는 사회주의자나 유대인을 적대시하고 같은 방침인 나치스 정권에 협력하는 사람이 많았습니다. 이 때문에 독일의 점령 지역과 비시 정권하의 프랑스에서는 유대인들을 포함해 독일군을 적대시하는 인물이 수만 명이나 투옥되고 처형됐습니다.

독일이 1941년 6월에 독일-소련 불가침 조약을 파기하고 소련과 전쟁을 시작하자 일부 프랑스인들도 소련군과의 전투에 징용됩니다. 아시아의 프랑스령 인도차이나는 비시 정권에 따라 독일과 동맹 관계에 있던 일본군의 주둔을 인정했고 1941년 12월 일본이 영국 및 미국에 선전포고한 이후에는 물자 공급 등과 관련하여 일본에 협력합니다.

비시 정권 당시의 프랑스

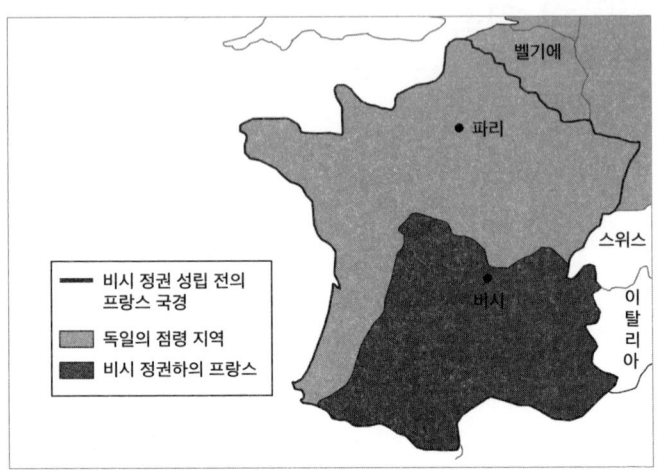

연합국 측은 초기에 비시 정권의 성격을 제대로 파악하지 못해, 영국을 제외한 미국과 소련 등은 비시 정권과 외교 관계를 유지했습니다. 한편, 영국으로 탈출한 드골은 망명 정부 '자유 프랑스'를 결성해 런던에서 라디오 방송으로 프랑스 국민에게 저항을 호소하고 아프리카 등 프랑스 식민지 병력을 차례로 규합해 나갑니다.

프랑스 국내에서는 애국적인 일반 시민, 노동 대중, 공산당원, 일부 교회 관계자 등이 각각 독일에 대한 레지스탕스(저항 운동)를 벌였습니다. 지방 행정관이었던 장 물랭은 국내 레지스탕스의 통일을 추진하여 1941년부터 드골과의 협력 관계를 구축합니다. 그로부터 2년 뒤, 통일 조직 결성 직후 독일 비밀경찰에 사로잡힌 장 물랭은 고문을 받고 죽지만 전쟁 후 영웅이 되어 프랑스 혁명 이후 위인들이 잠든 판테온에 묻힙니다.

장 물랭을 잃은 후에도 국내 레지스탕스는 독일군에 방해 공작을 펼치는 동시에 연합국에 정보를 계속 제공했습니다. 광대한 소련을 포함하여 각지에서 전쟁을 전개한 독일은 점차 열세에 놓였고 1944년 6월 프랑스 북부 노르망디에 연합군이 대규모의 병력을 상륙시킵니다. 자유 프랑스에서 프랑스 국민해방위원회를 거쳐 같은 해 6월에는 공화국 임시정부를 자칭하던 드골 측의 군세 및 일제 공격에 호응한 레지스탕스가 차례로 궐기해 8월 25일에는 파리가 해방됐습니다(파리 해방). 프랑스에서 독일군이 철수함과 동시에 비시 정권은 붕괴합니다.

26일에는 파리에서 드골이 개선 퍼레이드를 했습니다. 오랫동안 국외에 있던 드골은 좌파인 국내 레지스탕스가 전후 정치의 주도권을 잡는 것을 경계했지만 연합국은 드골이 이끄는 임시정부를 정당한 정권으로 승인합니다. 한편, 파리 해방 약 한 달 전 소설 《어린 왕자》의 저자로 알려진 생텍쥐페리가 자유 프랑스의 공군으로서 정찰 임무 중 행방불명이 됐는데 2000년에 그가 탑승했던 비행기의 잔해가 확인됐습니다. 그 후 쫓겨난 독일은 1945년 5월에 항복했고 이어 8월에 독일과 동맹 관계에 있던 일본도 항복해 제2차 세계대전은 연합국 측의 승리로 끝납니다.

096 전후 '영광의 30년'

공화국 임시정부가 권력을 잡자 전쟁 중 독일에 협력했던 우파 정치인과 관료들은 공직에서 축출되고 시민들에 의한 린치(사적 제재)도 일어났습니다. 의회에서는 레지스탕스 출신이 많이 속해 있던 사회당, 공산당, 인민공화운동(기독교계 중도정당)의 3당이 다수파가 됩니다. 3당 연립 정부는 많은 정치 개혁을 추진했는데 1945년 10월 국민 의회 총선거에서 첫 여성 참정권이 실현됐습니다. 이는 프랑스 혁명 때인 1792년에 세계 최초로 남성에 의한 보통 선거가 프랑스에서 실시된 지 약 150년 후의 일이었습니다.

정당을 싫어했던 드골은 보수파와 군의 지지를 받고 있었지만 사회당 및 공산당과는 대립했습니다. 그는 1946년 1월에 사퇴했고 사회당이 집권합니다. 같은 해 10월에는 새 헌법이 채택되어 역할을 마친 공화국 임시정부 대신 '제4공화정'이 출범합니다. 제4공화정은 제3공화정과 마찬가지로 의회에 의해 선출된 대통령을 국가 원수로 하는 의원내각제였지만 대통령의 권한은 축소되고 의회(상원과 하원)와 총리, 내각의 권한이 확대됐습니다. 이때 하원의 명칭은 프랑스 혁명 때와 동일한 '국민 의회'가 됐고 현재까지 호칭은 바뀌지 않았습니다.

제4공화정 초기에는 사회당의 오리올과 라마디에가 대통령과 총리를 맡았지만 사회당과 공산당의 대립 외에 드골파인 프랑스 인민연합 등 보수 정당의 세력 확대도 있어 정권은 안정되지 않았고 1958년까지 평균 6개월 만에 내각이 교체되는 상태가 이어집니

전후 정당의 변천

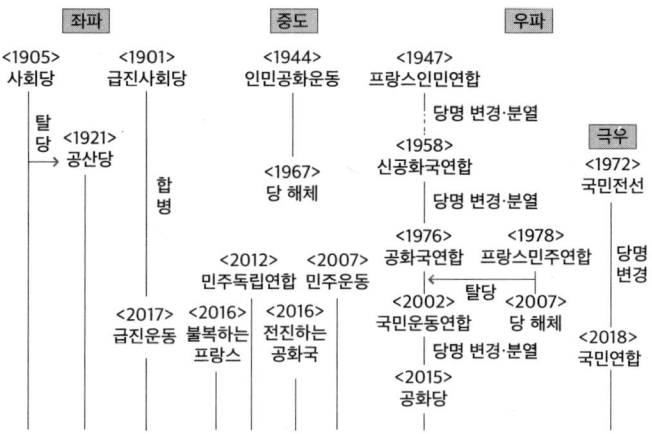

다. 전후 프랑스 정계에서 우파와 좌파가 대립하는 배경에는 미국을 중심으로 한 자유주의 진영(서방국)과 소련을 중심으로 한 사회주의 진영(동구권)의 국제적인 대립 관계(동서 냉전 구조)가 있었습니다. 소련의 군사적 위협 아래 보수 정당(우파)의 지지가 올라가고 후에 좌파에서도 소련 공산당의 독재 체제를 비판하는 목소리가 확산합니다.

경제 정책으로는 전후의 부흥을 계획적으로 추진하기 위해 주요 산업을 정부가 관리했던 전쟁 중의 방침이 계승됐고 석탄이나 전기, 가스 등을 취급하는 대기업이 국유화됐습니다. 또한, 소련에 대항하기 위해 미국이 프랑스를 비롯한 서구 국가들에 대해 경제 지원 정책 '마셜 플랜'을 실시합니다. 전후 부흥과 그에 이은 경제 성장으로 프랑스에서는 1970년대 중반까지 '영광의 30년'이라고 불리는 상공업의 발전이 계속됐습니다.

전후 독일은 자유주의 서독(독일연방공화국)과 사회주의 동독(독일민주공화국)으로 분할되어 냉전의 최전선이 됐습니다. 프랑스 외무장관 슈만은 서독과의 관계 개선을 겸해 서유럽 국가들의 경제 협력을 주창했고 1952년 '유럽석탄철강공동체ECSC'를 발족시킵니다. 이것이 1958년에는 '유럽 경제 공동체EEC'로 발전해 가맹국 간의 관세 철폐나 노동력의 이동 자유 등을 정했습니다. 1967년에는 다른 서구의 국제기구와도 통합되어 '유럽 공동체EC'로 개칭합니다.

097 이민과 식민지를 둘러싼 마찰

프랑스 경제의 확대와 함께 노동력 부족이 심화했습니다. 그러한 점에서 북아프리카 등 프랑스어권의 식민지와 구 식민지로부터의 이민자 수용이 진행되죠. 1950년대 프랑스에서 20만 명 정도였던 알제리 및 모로코 출신자 수는 1975년에는 약 100만 명으로 늘어납니다. 하지만 많은 이민자는 저임금 때문에 열악한 환경에서 생활했고 그 자녀 대에도 빈곤이 이어지는 문제가 생깁니다.

20세기 중반부터 식민지에서는 점차 프랑스에 의한 억압과 경제 지배에 대한 반발이 커졌고 프랑스 유학 경험이 있는 고학력층을 중심으로 독립을 주창하는 목소리가 높아집니다. 프랑스 국내에서도 식민지 제국주의는 과거의 것이라는 의식이 널리 퍼지기 시작했습니다.

프랑스령 인도차이나에서는 일본의 통치하에 있던 안남왕국(지금의 베트남사회주의공화국)과 캄보디아 왕국이 1945년 3월에, 4월에는 루앙프라방 왕국(지금의 라오인민민주공화국)이 독립을 선언하지만 종전 후에는 프랑스의 지배가 부활합니다. 베트남 북부 이외는 1950년대에 독립이 승인되지만 자유주의 진영의 남베트남(베트남공화국)과 소련의 지원을 받은 북베트남(베트남민주공화국)의 싸움은 계속됐습니다.

프랑스는 1954년에 철수했지만 1960년대에 들어서자 동남아시아에서 사회주의 진영이 확대되는 것을 두려워한 미국이 남베트남에 개입해 전투가 격화됩니다(베트남 전쟁). 북베트남의 저항에 고심하던 미국은 1973년 맺은 파리협정으로 철수를 결정했고 2년 후 남베트남은 항복했습니다. 1976년에야 남북 베트남이 통일되고 제2차 세계대전 종전 이후 계속된 전란은 종결됩니다.

이 밖에 아프리카 대륙의 말리, 차드, 세네갈 등 옛 프랑스 식민지 대부분도 1960년대에 차례로 독립합니다. 다만, 프랑스나 영국 등 옛 지배국이 일방적으로 정한 국경선 및 현지인에 대한 종교나 언어 교육으로 옛 식민지에서는 민족 및 문화의 분단이 생겨났고 그것이 지금까지 계속되는 내란이나 분쟁의 한 요인이 되고 있습니다.

프랑스 식민지 중에서도 특히 알제리에 정착했던 많은 프랑스인은 특권적 입장을 확립했었기에 반발하는 현지 알제리인들에 의해 독립 전쟁이 일어났습니다(알제리 전쟁). 프랑스 정부는 독립운동을 진압하지만 전투는 오래 이어졌고 군사비가 재정을 압박하는 탓에 프랑스 국내에서 독립을 인정하자는 목소리가 확산합니다. 그러나 현지 프랑스군은 전투를 확대했을 뿐만 아니라 본국에 대해 반란을 일으킵니다. 이 때문에 군에 강한 영향력을 가진 드골이 사태 수습에 나서 1958년 6월 총리 자리에 복귀했습니다.

098 드골과 제5공화정

드골은 총리 재임 3개월 후, 강한 지도력을 발휘하기 위해 대통령의 권한을 확대한 신헌법(제5공화정 헌법)을 제안합니다. 이는 국민투표로 승인되어 1958년 10월에 제정됩니다. 그리고 12월 지방의회 의원에 의한 선거 결과, 다음 해 드골은 대통령에 취임했습니다. 또한 1962년 이후에는 국민의 직접선거로 대통령을 선출하는 것이 헌법으로 규정됩니다. 이렇게 해서 제4공화정은 10년 정도로 끝났고 새롭게 확립된 것이 바로 '제5공화정'으로 현재 프랑스의 통치 형태입니다.

제5공화정은 미국 대통령제처럼 국민에 의한 직접선거로 선출된 것을 배경으로 강력한 권한을 가진 대통령과 대통령이 임명한

제5공화정의 구조

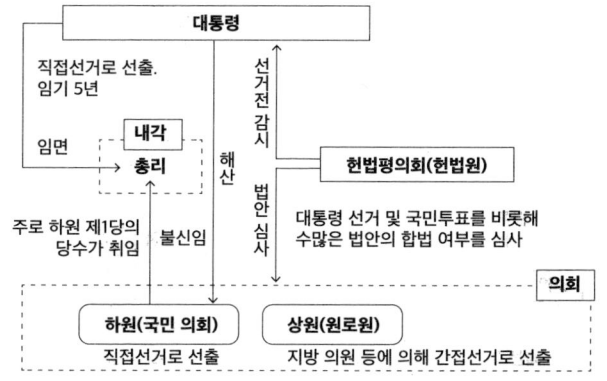

총리가 행정권을 분담하는 형태입니다. '이원집정부제'라고도 불리는 이 통치 형태는 현재 매우 소수의 국가만이 채택하고 있습니다.

또, 다른 정당의 대통령과 총리가 협력해 정권을 맡는 '동거 정부(보혁 공존)', 즉 좌파 정당의 대통령과 우파 정당의 총리, 우파 정당의 대통령과 좌파 정당의 총리가 되기도 합니다.

대통령이 된 드골은 알제리의 독립을 용인하는 입장을 취했고 프랑스 국민 대부분도 지지했습니다. 알제리에서 반란을 일으킨 일부 프랑스군은 진압되었고 알제리 독립파와 휴전 협정이 체결되었습니다. 그리고 프랑스 본국의 국민투표를 거쳐 치러진 알제리에서의 투표 결과, 1962년 알제리는 독립했습니다.

미국과 소련의 냉전 체제하에서 드골은 프랑스의 강대국으로서의 존재감 회복을 내세워 외교 및 군사에서 미국을 추종하지 않는 독자 노선을 추진합니다. 국방력을 높이기 위해 1960년에는 원자폭탄을 개발했고, 소련과 거리를 두고 있던 중화인민공화국(중국)과는 미국보다 앞선 1964년에 국교를 수립했습니다. 2년 후에는 미국과 서유럽 각국의 군대로 구성된 '북대서양조약기구NATO'에서 탈퇴합니다(2009년에 복귀).

1960년대를 거치며 프랑스에서는 1인당 국민소득이 2배 가까이 증가하고 자동차 제조업체인 르노가 만든 저렴한 자가용이 대량으로 보급됐으며, 초음속 여객기인 콩코드를 영국과 공동 개발하는 등 공업 기술도 발달합니다. 그러나 지방은 발전에 뒤처졌고 대졸자의 일자리는 적었으며 빈부격차도 좀처럼 개선되지 않았습니다. 이 때문에 젊은 세대를 중심으로 점차 드골 정권에 대한 반발이 높아집니다. 1968년 5월에는 파리의 학생을 비롯한 각지의 노동자·농민이 '5월 혁명(5월 위기)'으로 불리는 대규모 반정부 운동을 일으켰습니다. 이를 힘으로 억누르려던 드골은 국민의 지지를 잃어 이듬해에는 퇴진할 수밖에 없었습니다.

그러나 프랑스 국내에서 제2차 세계대전 이후의 국민적 지도자로서의 드골에 대한 평가는 높아 에투알 개선문이 서 있는 곳은 1970년 이후 '샤를 드골 광장'이라고 불리게 되었습니다. 1974년에 개항한 프랑스 최대 공항이 '샤를 드골 국제공항'이라고 명명되는 등 프랑스 각지에는 지금도 드골의 이름을 딴 건물이나 거리가 존재합니다.

20세기 후반의 격동 속에서 프랑스 문화는 계속해서 세계적 주목을 받습니다. 《이방인》을 집필한 작가 카뮈, 철학자 사르트르의 작품은 널리 사랑받았습니다. 1950~1960년대에는 영화감독 고다르, 트뤼포 등에 의해 '누벨바그'라고 불리는 개성 있는 영화들이 차례로 제작돼 화제를 낳습니다. 정신의학 및 사회제도의 역사를 연구한 푸코, 토착 공동체의 문화를 연구한 레비스트로스 등 근대의 가치관을 재검토하는 독특한 시각을 가진 학자가 연이어 등장했습니다.

099 좌파와 우파가 공존하는 정권으로

1970년대에 들어서자 미국의 달러·금 태환 정지와 국제 통화의 변동 환율제로의 변경으로 세계 경제는 혼란해집니다. 이른바 '달러 쇼크'라고 불리는 사건입니다. 게다가 중동에서 이스라엘과 적대적인 아랍 국가들이 이스라엘을 지원하는 미국과 프랑스 등 선진국에 대한 석유 수출을 제한하면서 '석유 파동'이 발생합니다. 이 두 가지 요인 때문에 프랑스 경제는 침체됩니다. 다른 선진국은 재정 지출의 삭감을 도모했습니다. 영국은 수도국을 민영화했고 일본은 전화국과 국유 철도를 민영화했습니다.

1970년대 후반 이후 프랑스 정계는 좌파인 사회당과, 우파이자 프랑스인민연합의 맥을 잇는 공화국연합(훗날 국민운동연합·공화당)이 양대 세력이 됩니다. 1981년 사회당의 미테랑이 대통령으로 선출됐고 대기업을 국유화해 근로자의 고용과 급여의 안정을 도모했습니다. 그러나 큰 성과를 거두지 못했고 1986년 총선에서 대통령과 대립하는 보수파가 승리하여 공화국연합에서 총리가 선출되면서 보혁 공존에 들어섭니다.

미테랑 정권 2기 때인 1989년에는 동유럽 국가들의 사회주의 정권이 붕괴하고 냉전 체제는 끝이 납니다. 유럽에서는 1993년에 '마스트리흐트 조약(유럽연합 조약)'이 발효됐고 '유럽연합(EU)'이 성립됩니다. 가맹국 사이에서는 관세와 입국의 사증이 폐지됐고 2002년부터 프랑스는 자국 통화의 프랑을 EU 공통인 '유로'로 전환했습니다.

1995년에는 미테랑 정권 시절 중기에 총리를 지낸 시라크가 대통령에 취임합니다. 공화국연합에 속한 시라크는 드골의 외교 방침을 이어받았고 2003년 발발한 이라크 전쟁에서는 미국에 동조하지 않고 출병을 삼갔습니다.

100 세계화 속의 프랑스

아시아 및 아프리카의 옛 프랑스령 대부분은 20세기 중에 독립했지만 중미의 마르티니크, 남미의 기아나, 인도양의 레위니옹, 남태평양의 타히티, 뉴칼레도니아 등은 지금도 해외 영토라는 개념으로 프랑스의 영토로 남아 있습니다. 이 때문에 프랑스가 세계의 바다에 가지고 있는 배타적 경제수역(연안의 나라가 수산 자원이나 광물 자원을 얻을 권리가 인정되는 해역)은 1,100만㎢(프랑스 본토 면적의 약 20배)로 세계 2위의 넓이를 자랑해 사실 프랑스는 굴지의 해양 대국이라고 할 수 있습니다.

21세기 현재, 프랑스의 인구는 약 6,800만 명이지만 세계 각지에 흩어져 있는 해외 영토 및 옛 프랑스령도 포함한 세계적 프랑스어 사용자는 1억 2천만 명~1억 7천만 명에 이르는 것으로 추정됩니다. 프랑스 본토에서도 인종이나 민족의 다양화가 진행되어 현대에는 외국에 뿌리를 두고 있어도 '프랑스어를 하는 사람은 같은 프랑스인'이라는 사고방식과, 종파를 불문하고 모든 종교 및 신앙으로부터 정치를 중립에 두는 방침이 적용되고 있습니다. 그럼에도 불구하고 이슬람교 습관을 유지하는 중동계 이민자들과의 충돌이나 테러 사건도 종종 발생하고 있습니다.

2007년에는 국민운동연합에서 헝가리 이민자의 피를 이어받은 니콜라 사르코지가 대통령으로 취임했습니다. 이어 2012년에는 사회당인 올랑드가 대통령이 됐지만 사회당과 공화당(옛 국민운동연합)이라는 양대 정당은 이민자와의 마찰, 빈부격차와 실업률 개선 등의 문제에 대해 큰 성과를 거두지 못했습니다. 이러한 가운데 2017년에는 신흥 세력인 전진하는 공화국을 이끄는 에마뉘엘 마크롱이 사상 최연소의 나이로 대통령에 취임했습니다. 그러나 배외적인 극우 세력의 대두와 정부의 재원을 확보하기 위한 세수 안정 등 많은 문제를 안고 있습니다.

중세에는 서로마 제국 해체 후 서구 재편의 중심이 되었고 후에는 '자유·평등·박애'의 이상을 내걸고 근대 국가의 선구자가 된 프랑스는 지금도 유럽이 직면하는 다양한 과제의 최첨단에 서 있습니다.

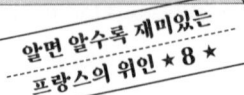

파리 패션계의 여왕, 코코 샤넬

패션의 혁명을 일으키다

루이비통, 디올 등과 함께 프랑스를 대표하는 패션 브랜드는 샤넬일 것입니다. 창업자 코코 샤넬(본명 가브리엘 샤넬)은 고아원에서 자라 18세부터 카페 가수와 의상실 점원으로 일하다 1910년 파리에서 모자 가게를 개업했습니다.

당시 여성들은 체형을 유지하기 위해 코르셋을 입는 것이 관례였지만 제1차 세계대전 중 샤넬은 유연한 소재의 저지를 이용한 여성복을 출시합니다. 전후 여성의 사회 진출이 확대되는 가운데 활동성과 아름다움을 겸한 샤넬의 패션은 세계적으로 확산하죠. 향수도 출시했는데 인기 상품인 'No.5'는 미국 여배우 마릴린 먼로도 애용했습니다.

평생을 독신인 채로 자유롭게 살았지만 유럽 각국의 귀족이나 군인과도 염문을 뿌리고 많은 예술가 및 정치가와 넓은 교우 관계가 있었던 것으로도 알려져 있습니다.

프랑스사 연표

이 연표는 이 책에서 다룬 프랑스사를 중심으로 만들어져 있습니다.
하단의 '세계 사건'과 함께 이해도를 높여 봅시다.

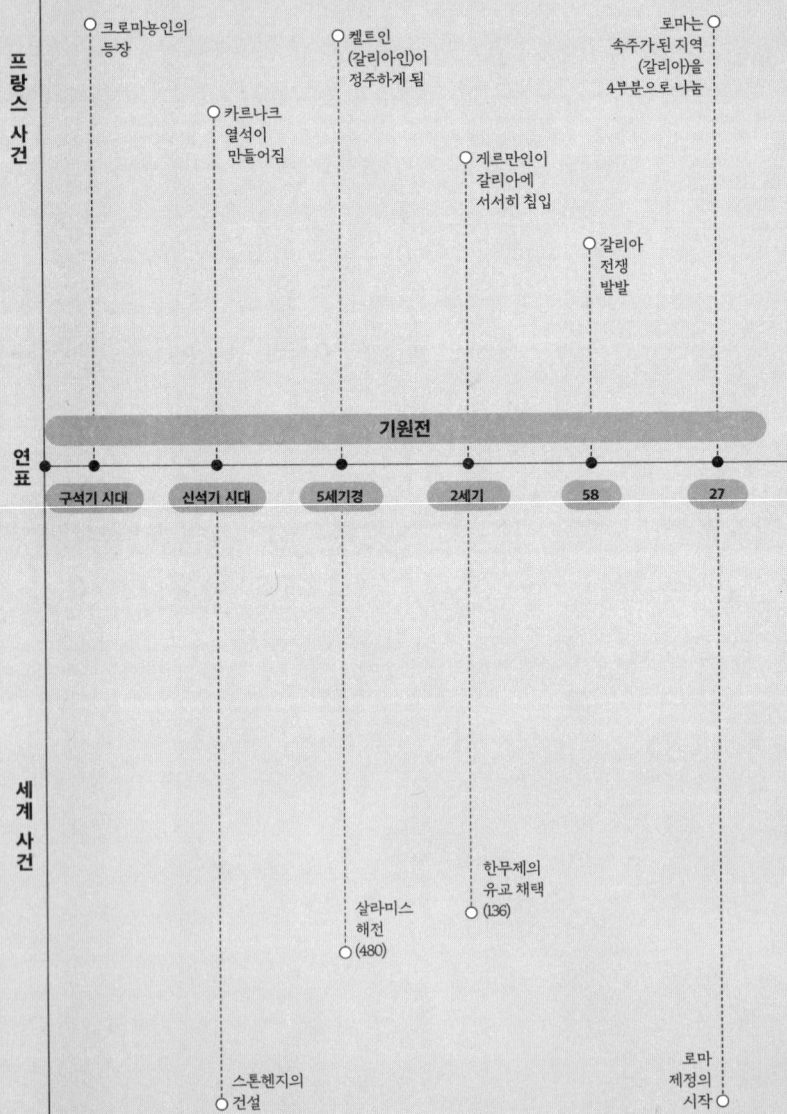

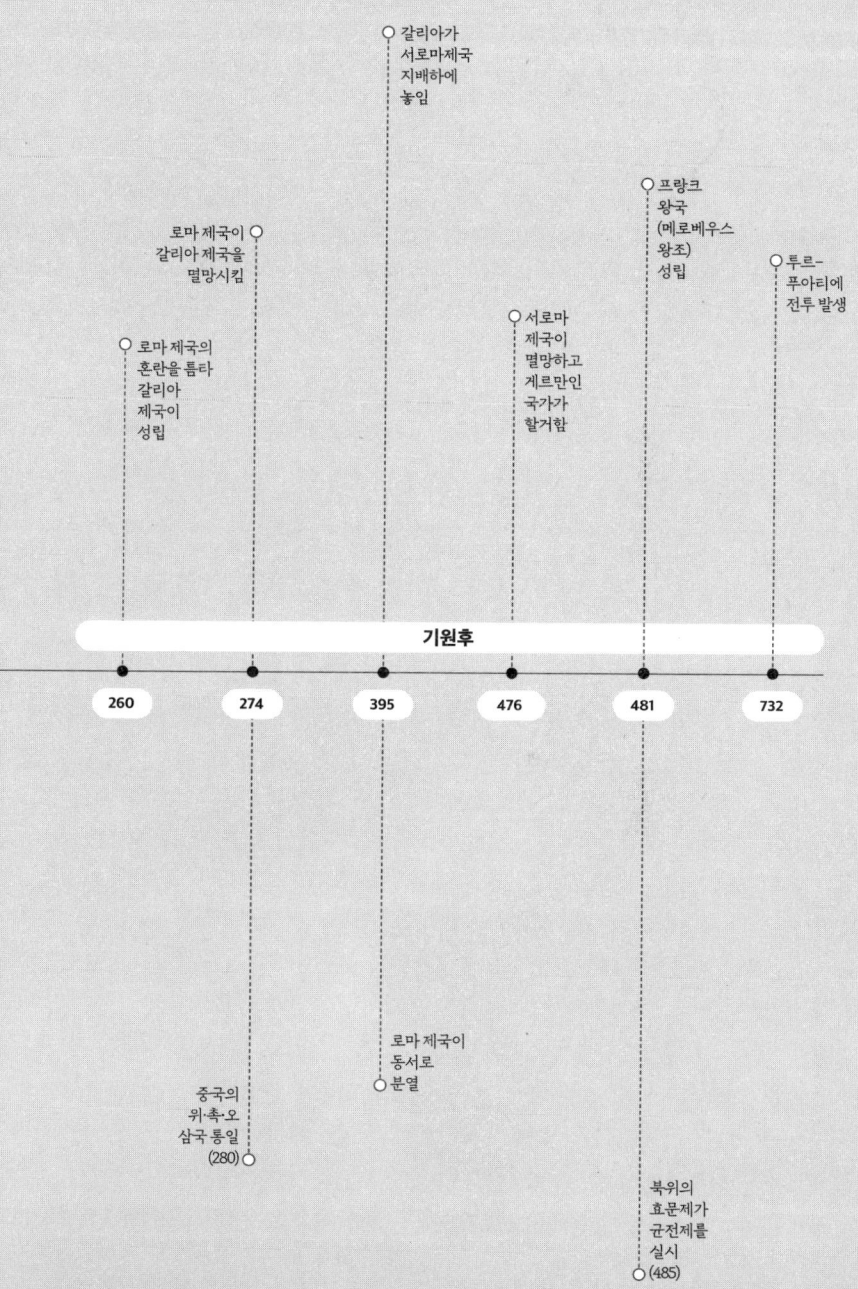

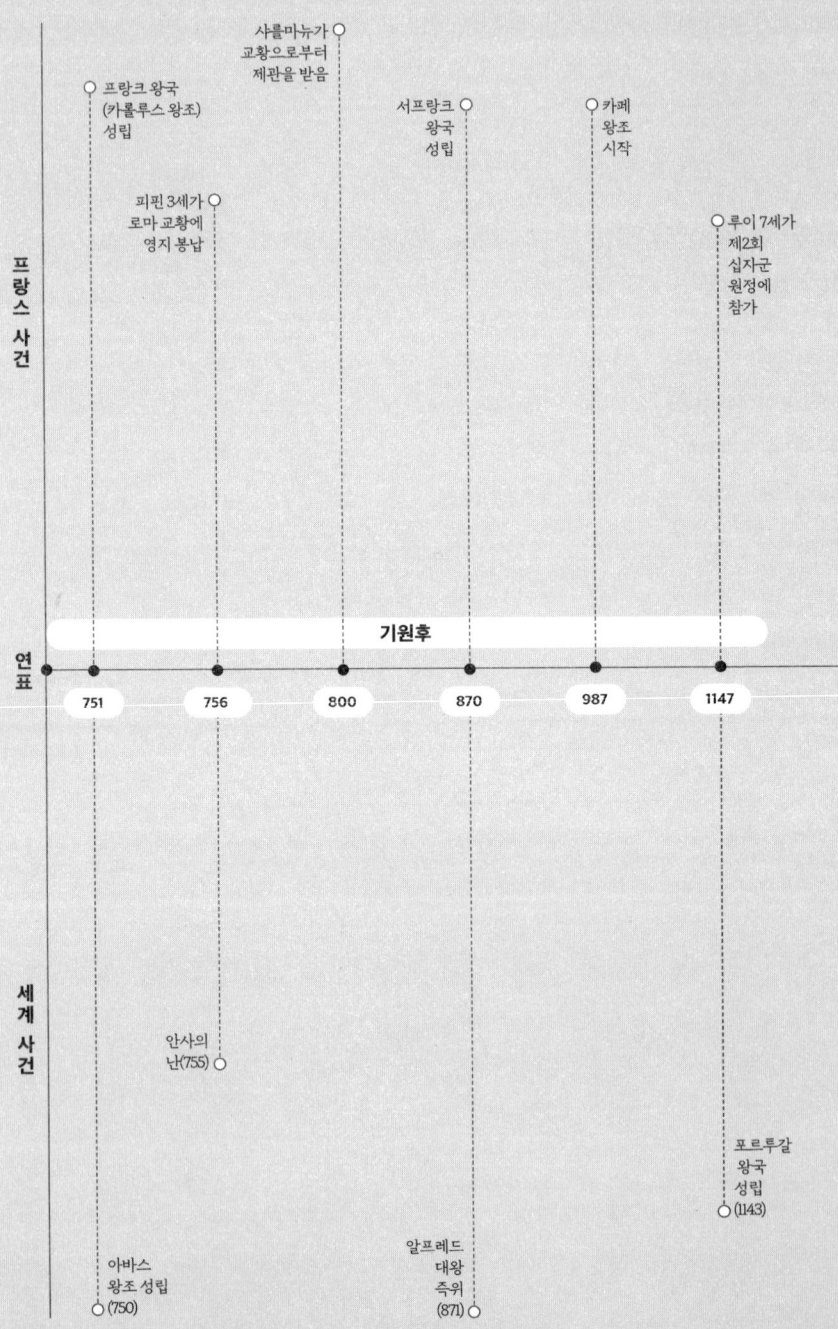

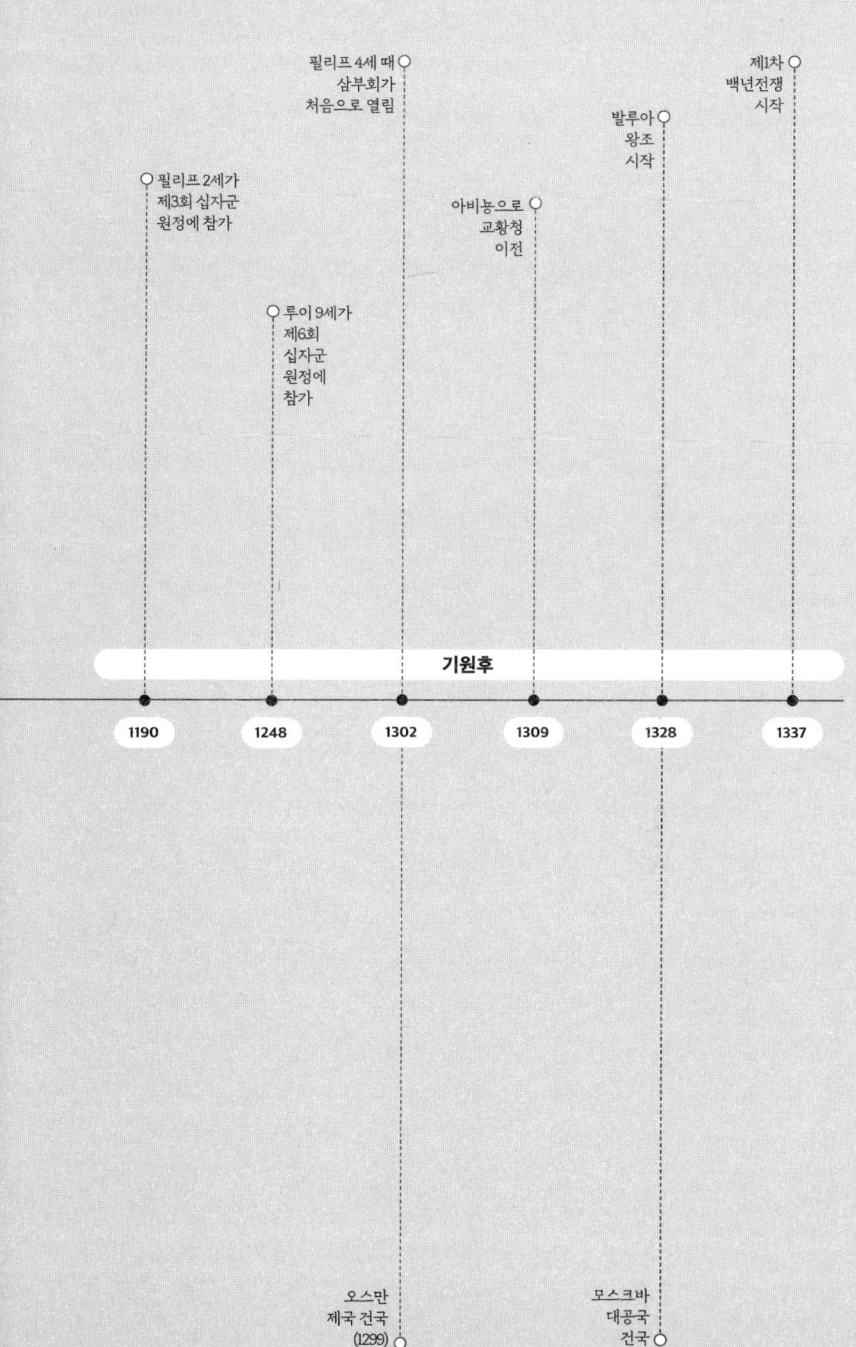

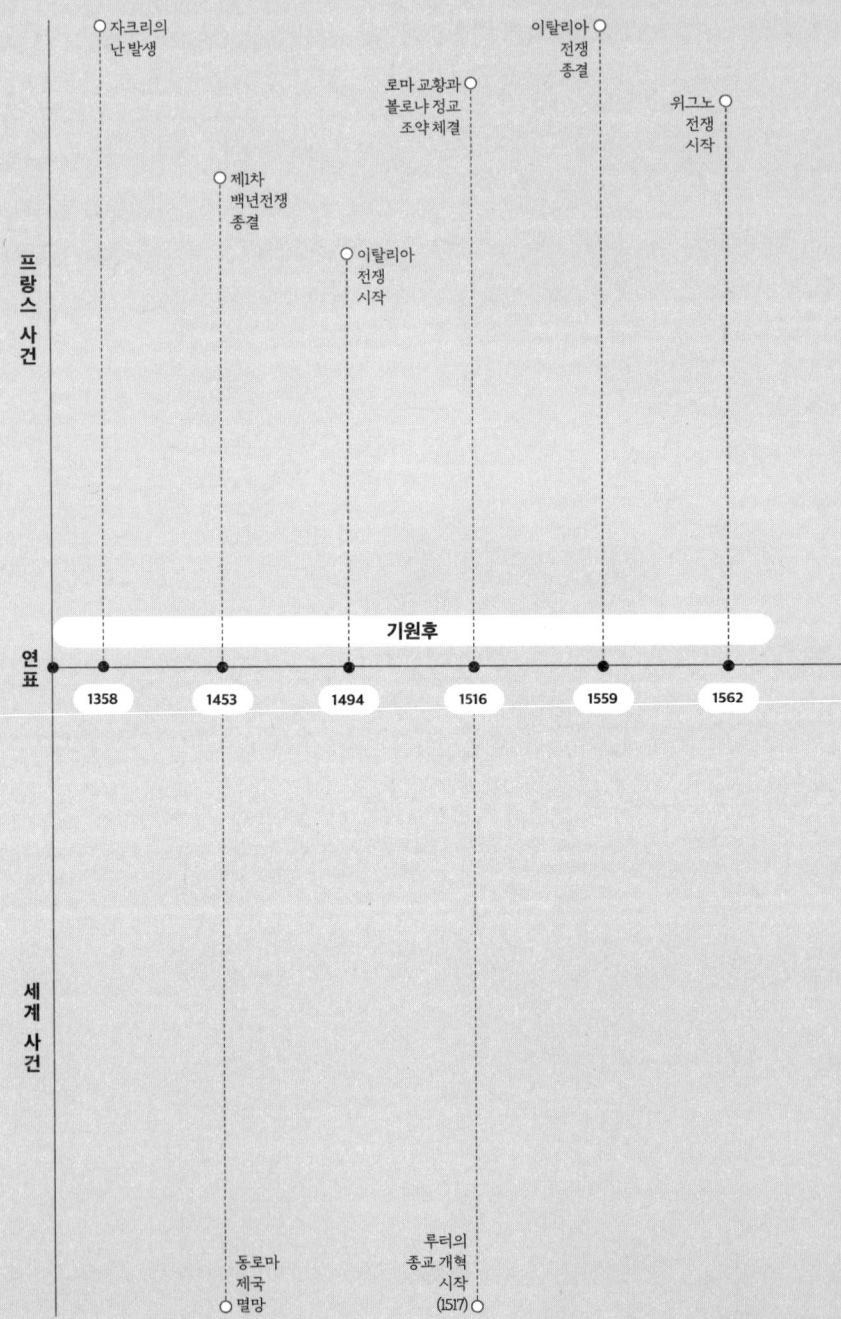

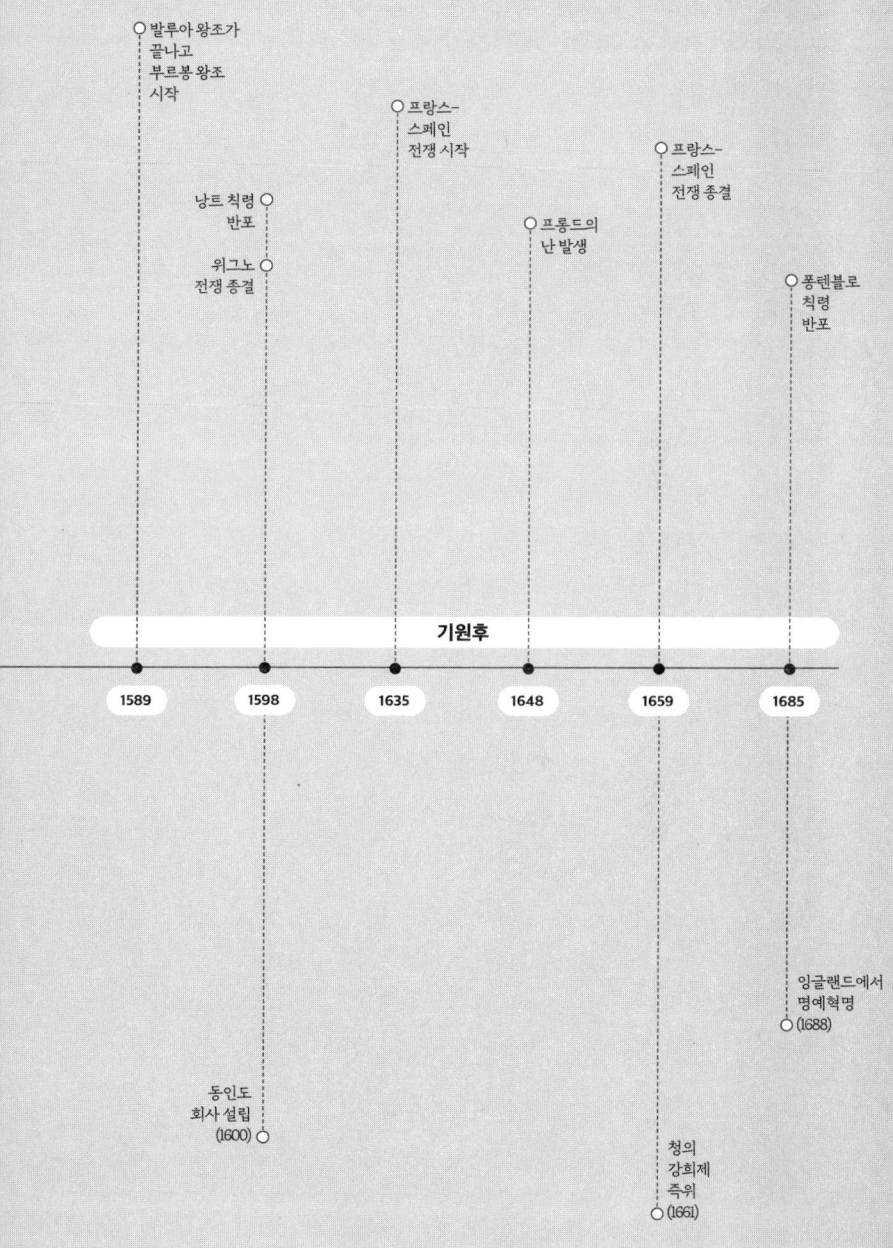

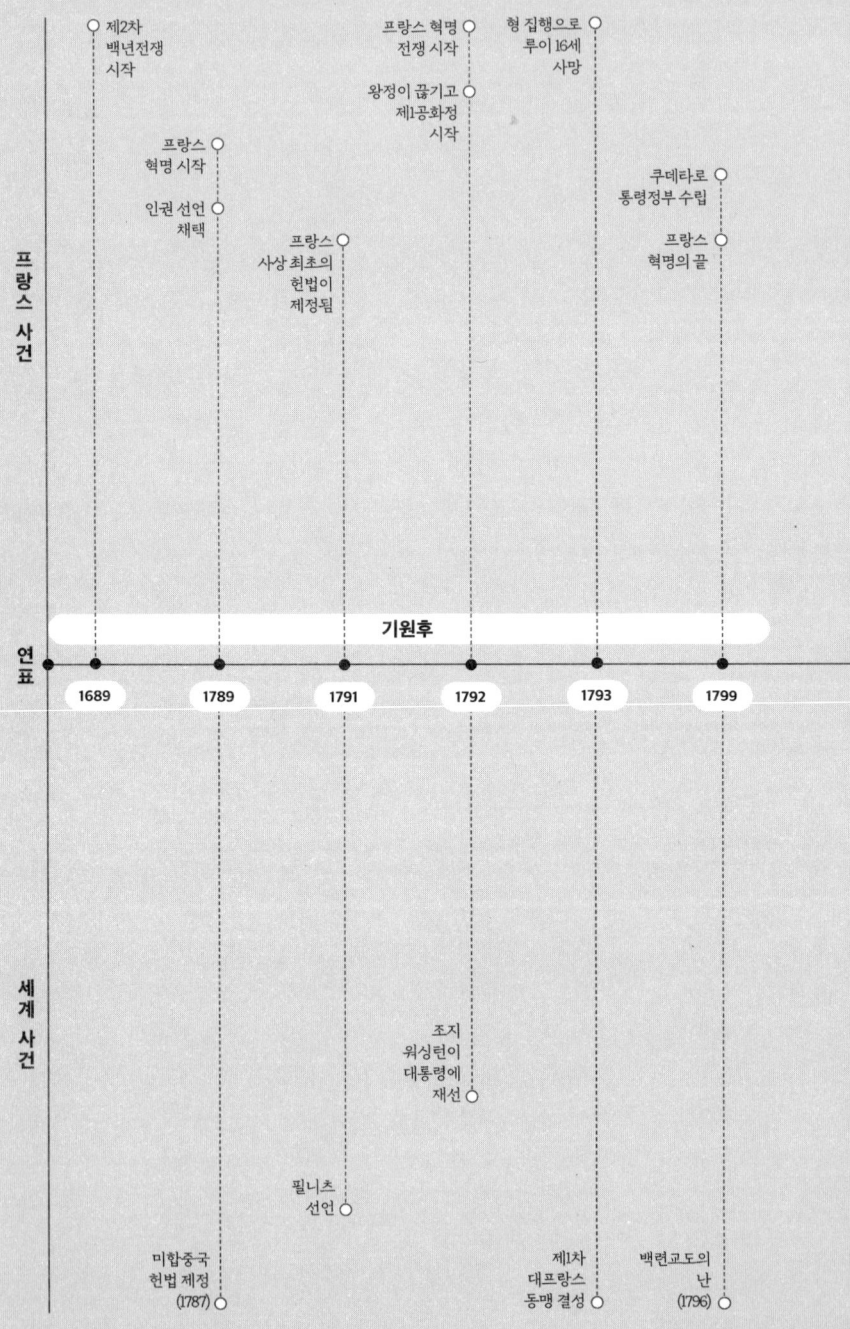

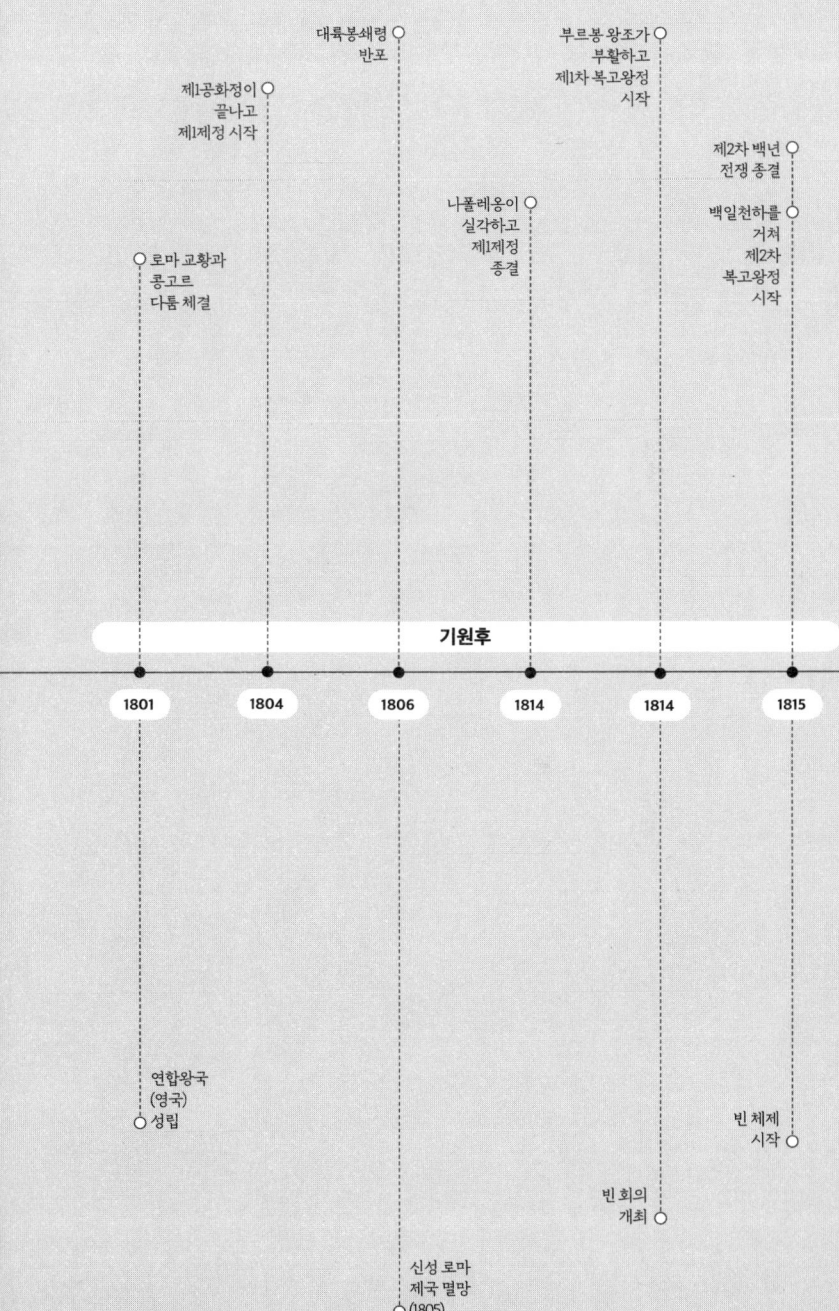

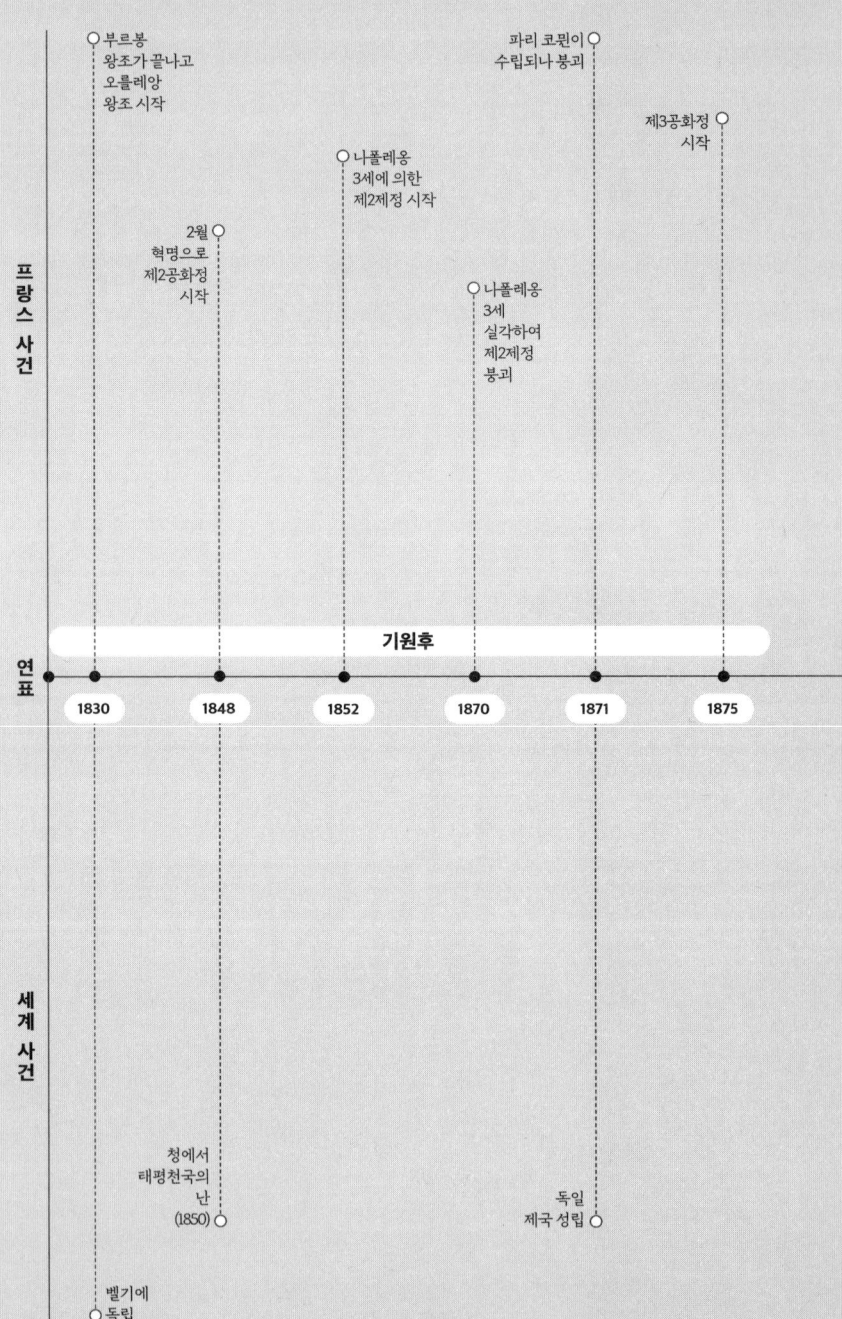

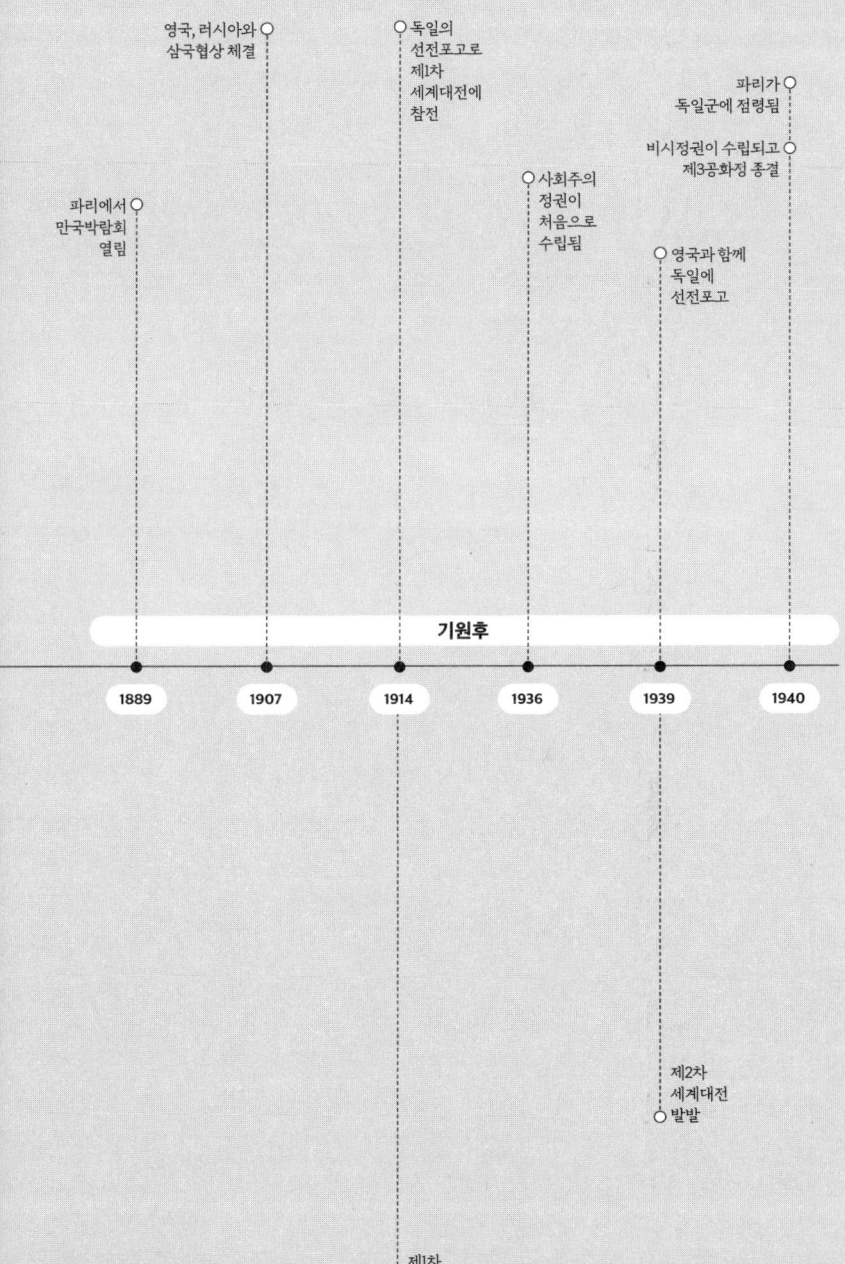

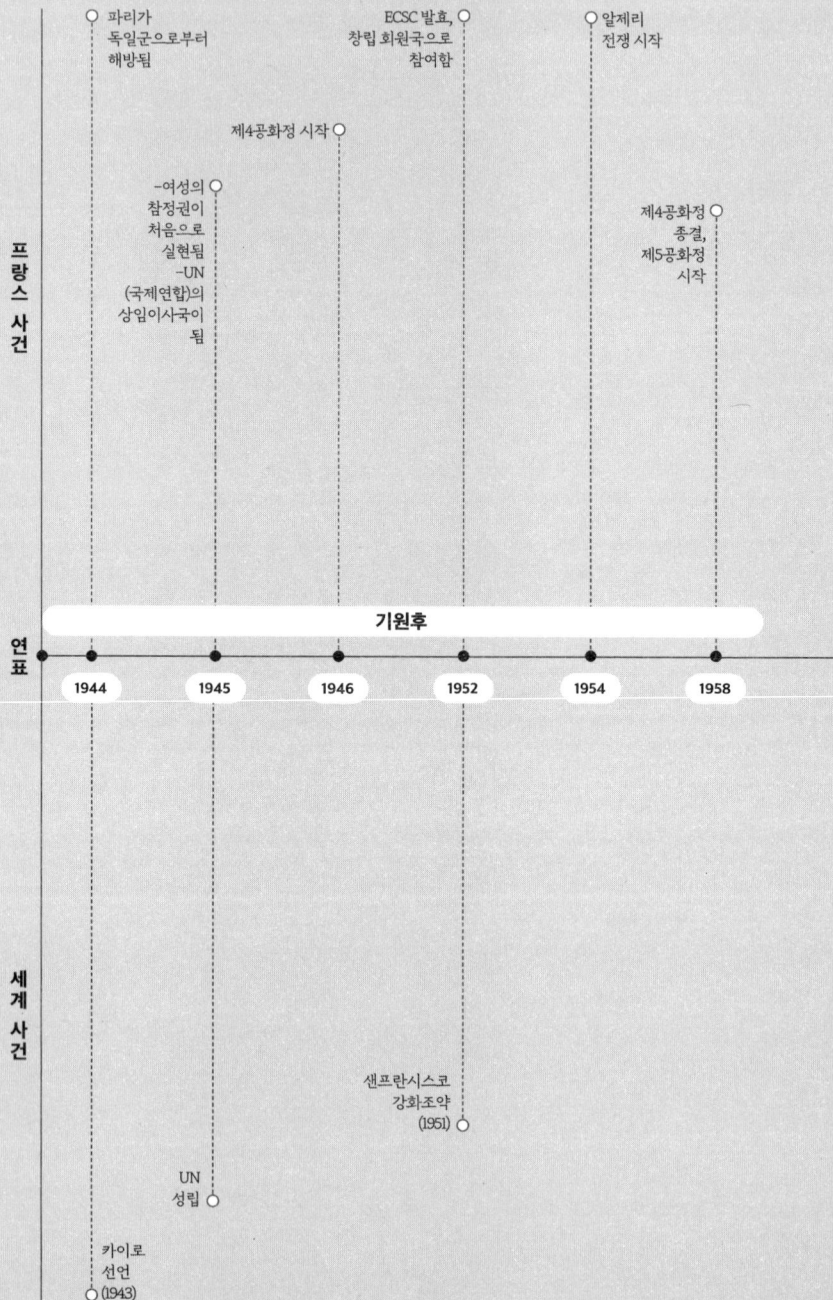

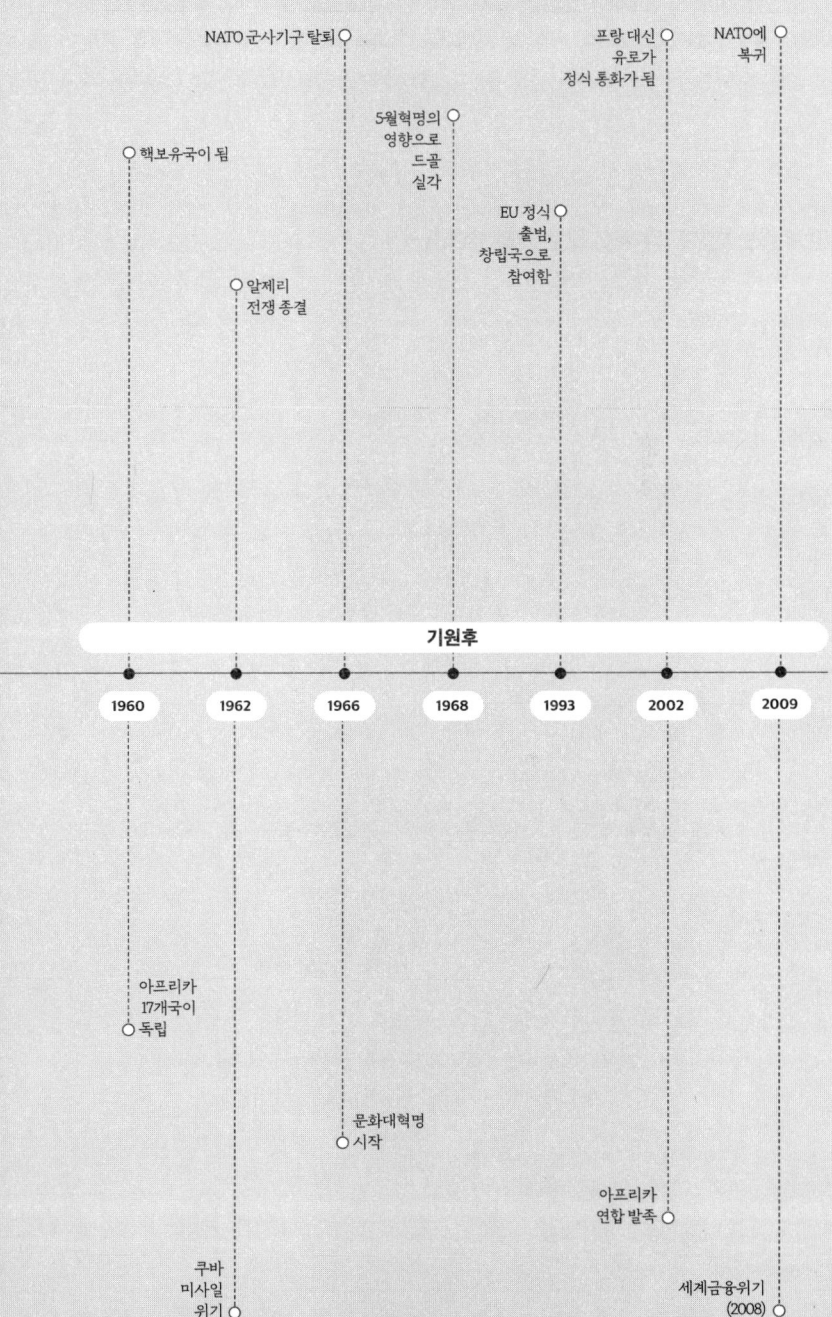

교양 있는 여행자를 위한 내 손안의 프랑스사
단숨에 읽는 프랑스 역사 100장면

초판 발행   2025년 10월 20일
펴낸곳   현익출판
발행인   현호영
감 수   후쿠이 노리히코
옮긴이   류지현
편 집   황현아, 이선유
디자인   강지연, 현애정
주 소   서울특별시 마포구 월드컵북로58길 10, 더팬빌딩 9층
팩 스   070.8224.4322

ISBN   979-11-94793-02-1

「一冊でわかるフランス史」
ISSATSU DE WAKARU FURANSU SHI
© 2020 NORIHIKO FUKUI, ZOU JIMUSHO
Illustration by suwakaho
All rights reserved.

Original Japanese edition published in 2020 by KAWADE SHOBO SHINSHA Ltd. Publishers
Korean translation rights arranged with KAWADE SHOBO SHINSHA Ltd. Publishers through Eric Yang Agency, Inc.

⟨Edit, Organization⟩
ZOU JIMUSHO
⟨Book Design⟩
Yoshikuni Inoue(yockdesign)
⟨Text⟩
Masato Hara, Masayuki Nishimura, Kenji Sato

이 책의 한국어판 저작권은 에릭양 에이전시를 통해 저작권자와 독점 계약한 골드스미스에 있습니다.
저작권법에 의해 한국 내에서 보호를 받는 저작물이므로 무단전재와 복제를 금합니다.

* 현익출판은 골드스미스 출판그룹의 일반 단행본 출판 브랜드입니다.
* 출판사의 허가 없이 본 도서를 편집 또는 재구성할 수 없습니다.
* 잘못 만든 책은 구입하신 서점에서 바꿔 드립니다.

> 좋은 아이디어와 제안이 있으시면 출판을 통해 가치를 나누시길 바랍니다.
> uxreviewkorea@gmail.com